サステナビリティの経済哲学

松島　斉
Hitoshi Matsushima

岩波新書
2027

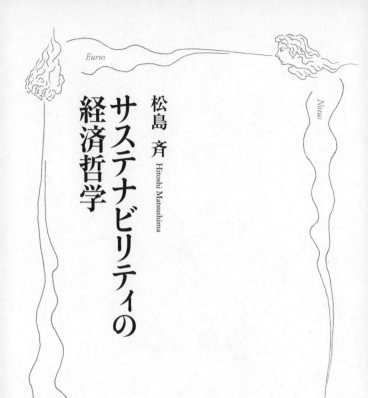

はじめに

19世紀の代表的な経済学者ジョン・スチュアート・ミルは、経済成長が一定の限界に達した後、経済成長が停滞する一方で、社会が物質的な豊かさではなく、精神的な充実や文化的な発展を求める定常状態に移行するという未来を予測していた。ミルが理想とした未来は、無限の経済成長ではなく、経済活動が環境や社会に配慮したバランスの取れた状態が保たれる、心身ともに豊かな世界のことだ。

しかし、このミルの予測に反して、経済成長は環境破壊を進行させ、社会的不平等や国際的対立を深刻化させている。これにより、未来世代に物質的にも文化的にも十分な生活環境を保証することが困難になっている。このままではお先真っ暗である。

経済成長を今ストップさせると、環境問題などの一部は改善されるかもしれない。しかし、社会的、国際的な混乱を一層深刻化させることも考えられる。例えば、発展途上国において、貧困問題の解決や基本的な社会サービスの提供を困難にするだろう。したがって、経済成長をある程度支持しつつも、その成長が環境に与える影響を最小限に抑え、全ての人に公平な恩恵が及ぶように、きめ細かく配慮することが求められる。つまり、経済、環境、社会を三位一体として総合的に考えて、現代の問題を解決しながら、未来世代に上手にバトンタッチしていくことが、我々みんなに求められるのである。このアプローチこそが、サステナビリティ、つまり持続可能性の真髄である。

これからの経済学には、サステナビリティにどのように貢献することができるかが、経済学という学問の社会的責任として問われることになる。経済学のかなりの部分は無限の経済成長を前提とするパラダイムを推進することで発展してきた。そのため経済学には、環境への影響や社会的不平等といった多くの副作用を現実社会において引き起こしてきたという罪深い側面がある。学問にも社会的責任が問われるということだ。よって、学問としての経済学自体がサステナビリティを真剣に考慮することができる方向へと進化していかなければいけない。

幸いにも、現代の経済学は、貧困削減、社会的不平等の緩和、環境保護など、より広い社会的公正を促進する方向に向かっている。この動きは、経済学が持つ分析ツールが、今後においてサステナビリティに大きく貢献する可能性があることを示唆している。そのポテンシャルにおいて、経済学に寄せられる期待は非常に大きいのだ。

問題は、このまま現状における経済学という学問の自由な進行に、静かに任せておいていいものかどうかである。長年経済学を支えてきた理論やディシプリン自体がもっと批判にさらされるべきではないのか。

サステナビリティのためには、倫理、大義、価値観、世界観、義務、信頼といった、経済学者にとってあまり馴染みのない多くの倫理的概念や定性的概念を豊かさにしていくことが求められる。しかし批判にさらされないままの経済学者は、これらの概念を、よりなじみのある利己的動機や自尊心、評判の形成などといった、社会的責任に直接関係しないような世俗的概念や定量的概念に巧妙に隷属させようとする。サステナビリティは、このような言い逃れや後付けをする学究態度(これをアカデミックウォッシュと呼ぶ)を非常に嫌うのだ。このような学究態度は、ことの本質を見失い、抜本的な解決を遠ざけてしまいかねないとして、とても危惧されるのである。

私は経済学者であるが、このことを危惧するという価値観を共有している。経済学のアプローチがサステナビリティの視点から見直されることによって、より広範な倫理的考慮がその本質的意味合いに沿った形で経済学に組み込まれていくことを強く求めていきたい。

経済学の枠組みにサステナビリティに必要な概念を生き生きとした形で取り入れていくことは、この学問における新たな挑戦を意味する。そのためには、批判的思考を通じて既存の理論やディシプリンを問い直すことが不可欠になる。これにより初めて、サステナビリティの時代において、経済学が社会全体の利益を追求する公正な学問へと進化することができる。

サステナビリティが目指すのは、経済的、社会的、環境的な側面が統合された、持続可能な未来である。経済学は、このような広範な課題に真剣に取り組むことによって、より良い未来のための解決策を提供することができると期待される。そのためには、経済学の自由な進行を保ちながらも、批判的思考に晒されることによって、より深い倫理的視点を積極的に取り入れ、その社会的責任を果たしていくことが求められる。つまり、経済学自体もサステナブル（持続可能）になれ、ということだ。

サステナビリティは、経済学に対して変わってほしいと提案している。経済学の基本原理、前提とされている概念の明確化、そして批判的思考を通じての大胆な学術的イノベーションを、経済学に求めているのである。現状の理論的基盤となる前提や原理は、現代の多様な社会的、環境的要求に対応していない。利己的動機や短期的利益追求の限界を深く認識し、新たな倫理観、価値観を取り入れて、より広い社会的、環境的な視野を経済学の中に統合してほしい。

学問の健全な発展の本来の姿は、このような哲学的な問いを内包していなければいけないものである。しかし、経済学はそうではなかった。だからもっと、学問としてちゃんとしてほしい。常に批判に晒されて、時には大胆な学術的イノベーションを持続的に行ってほしいと提案しているのである。このような提案を受け入れていくことは、経済学が現代社会の複雑な問題に対して、より効果的に対応できるための必須条件である。

サステナビリティは、経済学だけでなく、資本主義、民主主義、国際秩序といった広範な社会システムの在り方も再評価し、新しいシステムの構築を目指す。それは、短期的利益追求の枠組みを超えて、長期的、環境的、社会的、経済的健全性を重視する新しいシステムの構想だ。そのためには、経済学に対して、これまでのような単一の方法論や視点だけに依存するのではなく、多様な方法論を開拓し取り入れることが求められる。これには、異なる学問領域との対話や、様々なステークホルダー(政策立案者、民間企業、市民社会など)との協働が必要だ。

例えば、環境科学、政治学、社会学、哲学などの他の学問分野からの知見を取り入れることで、経済システムが直面する問題に対して、より包括的で実効性のあるアプローチを開発することが可能になる。これらは、サステナブルな未来に向けて経済学がどのように進化すべきかを方向付けるものである。こうして、経済学は複雑な現実をより総合的に捉え、新しいシステム構想に有益な提案をすることができるようになる。

本書全体を通じて、サステナビリティという重要なテーマを深く掘り下げて、経済学の理論やディシプリンを豊かにしていくアプローチを示していきたい。そのため、経済学の歴史的発展とその現代的課題、サステナビリティの重要性と経済学での扱い、異分野との対話、実用的な解決策と政策提言、批判的思考と学術的イノベーションといった、様々な要素を扱うことになる。これらの要素を組み合わせることで、経済学の学問領域を拡張し、サステナビリティに対する深い理解とその実践に向けた指針が提供されることになる。

よって本書は、サステナビリティの経済学のための実践的な哲学書であり、新たな地平を開くための経済学研究の批判的啓蒙書である。

目　次

第1章

大義の経済学

1　私利私欲から大義へ

人は潜在的には私利私欲や虚栄といった利己心を超えて、社会のために役立ちたい、自分の利益とは別のことに貢献したいと願う存在だ。なぜならこれは自己実現という人間の本性だからだ。自らの世界観に照らして、自ら進んで社会的目的を見つけて、それを自らの大義として自己実現を果たしたいのである。

人は自分のためだけに生きることができるほど強くはない存在だ。（かといって、人のためだけに生きるほど強くもない。）

ここでいう世界観とは、個人が世界をどのように理解し、解釈するかに関する思考の枠組みのことだ。世界観は、個人の文化的背景、教育、経験、信念、正義感、倫理観、価値観などによって形成される。それは宗教的なものから、科学的、人文主義的、実存主義的、唯物論的なものまで多種多様だ。

例えば、資本主義についての世界観は、人を経済的自由の理念に深く関与させる。社会主義的な世界観は、人を社会的公正の理念に深く関与させる。民主主義的な世界観は、人を政治的自由の理念に深く関与させる。

いくつかの世界観は世界市民に共通している。しかし、どの世界観に力点が置かれるかは人によって異なり、状況にも左右される。ある状況では科学的な世界観が優先され、別の状況では宗教的な世界観に転じることもある。

同じ世界観でも、人によって、状況によって、その意味内容が異なる。例えば、資本主義や民主主義について、政治的自由や経済的自由を単純に捉えすぎ、利己心の偏重が助長されることを懸念するかもしれない。自国の文化、歴史、伝統に対し敬愛を表す愛国心の世界観は、自国を優先するあまり他国を排除することを正当化しかねないと懸念するかもしれない。

このように、世界観の多様性、そのダイナミックな性質、個々の世界観に込められた批判的視点は、人間の認識の複雑さをよく表している。人はその本性として、そんな世界観を具体的な目的と実践に結びつけたいと願っている。人は世界観に即して、生きる目的を自らの大義として定めるのである。

ここでいう大義とは、個人の自由や功利を超えた、倫理的、社会的、哲学的な目的のことである。一般にはこの用語を高潔な目標を指すことに使用する。しかし本書では広く解釈して、任意の向社会的な行動を正当化する倫理的な根拠として使うことにする。つまり、ガンジーのような偉人になるということではない。節電や節水を日々実行することも、地域の食品不足に悩む人々を支援することも、立派な大義になる。

本書は、世界市民が意識的に、利己心を超えた大義を見出し、それを実行することによって、現代において最も重要とされる社会問題を解決していくことを考える。多くの市民が自己実現を果たすことができる社会をどのように構築したらいいか。経済学の立場から、そしてそれを超えた哲学的立場からこの問いに向き合おう。

2 見えざる手を超える

経済学は、その創成期から現代にいたるまで、一国が経済的に発展することを、国内における経済的富が蓄積されることであると捉えて、それを社会的善の最も重要な達成目標としてきた。国内で生産された財・サービスの市場価値の総和を表す国内総生産(GDP)は、このような社会的善を表す代表的な評価指標である。そして、市場競争という「見えざる手」によって、意図せざる仕方で、利己心こそが経済発展を導くという、一見逆説的な考え方が様々に検証されてきた。

市民は、最低限のマナーを備えてさえいれば、利己的動機だけで最良の社会的善を導くことができる。道徳的、社会的大義を追求するような善行は、社会的善にとってマイナスになりかねない。

今から300年ほど昔、オランダ生まれの医者バーナード・マンデヴィルは「蜂の寓話——私悪すなわち公益」を出版して、個人の利己的な行動が意図[illegible]に社会全体の経済的豊かさをもたらすという考え方を、初めて明確に示した。贅沢や虚栄[illegible]った個人の悪徳が実は経済活動を刺激し、結果として社会的富を増大させる。善行が社会[illegible]もたらすわけではない。マンデヴィルのこの考え方は、後の経済学、特に経済学の父と[illegible]ム・スミスによる見えざる手の概念に多大な影響を与えることになる。

スミスは、個人が利己的利益を追求することが、市場競争を通じて、ま[illegible]手に導かれるかのように、経済的富の増大に貢献すると論じた。その一方で、経済[illegible]会的目的、例えば社会福祉や公平性に対しては、利己心があまり貢献できないこ[illegible]いた。スミスは国家の役割をそこに位置付けようとしたが、残念ながら、深い洞[illegible]意識的な社会貢献の必要性を認識するには至らなかった。

スミスは、利己心の中にもいくばくかの道徳があるために、相手と衝突せずに取引進めることができるとするなど、柔軟な視点も示していた。しかし、それは社会に積極的に貢献したいとする大義からはおよそかけ離れた、営利取引者の最低限のマナーに過ぎない。経活動が環境に及ぼす影響に至ってはそもそも考慮の対象にすらならなかった。

スミスのように、利己心が市場を通じて社会的善に貢献すること、利己心と社会的善的に矛盾しないことを前提とするこのスタンスは、「市場至上主義イデオロギー」と市場至上主義イデオロギーは、今日に至るまで経済学の高等教育に深く入り込んをもため、経済的富以外の社会貢献については副次的な扱いにされがちになる。

例えば、経済学の講義においては、市場競争が経済的に無駄のない、効の一方で、たらすことを数理的に華麗に証明して見せる。(ここは期末試験にも出題ししにくい。)高等配分の公正や平等については歯切れの悪い説明に終始する。(これは試についての理解を教育の現場において、これらを副次的でなく説明することと、経済促進することをうまく両立させるのは困難にさえ感じられる。

後述する現代の主要な社会問題に照らしてみるならば、教育の現場において市場至上主義イデオロギーに固執することは時代の要請にそぐわない。ステレオタイプ化された経済学のスタンスにおいては、市民の意識的な社会貢献への意思は、不必要とされるか、副次的な意味しか持たない。しかし、経済的富以外の社会貢献や社会的責任についてはどうだろうか。それらは、市民の意識的な大義の実践抜きでは達成できまい。

大義を実践するためには、まずは関心のある社会問題に何らかの形でコミットして、我が身のことのように関与することが必要だ。しかしこのコミットメントはひと時の気まぐれに終わることが多い。利己心を超えて人に尽くしたいと思っても、結局は私利私欲に負けてしまい、気持ちが続かないのだ。

このことは喫煙者の葛藤にもなぞらえられる。喫煙は体に悪いことだとわかっていてもついつい煙草を吸ってしまう。そこで、煙草を遠ざけることのできる方法をいろいろ模索する。外出時には煙草を持参しないとか、かかりつけ医に煙草の害を口酸っぱく説明してもらうとか、いろいろ工夫してみる。それでも誰かから煙草を勧められると、ついつい悪い癖が出てしまう。大義もまたしかりである。私利私欲を超えた公共の利益に自らを持続的に関与させ、公共への高い忠実を維持することは並大抵のことではない。

人は、まず問題についての知識と理解を深めようとする。それによって問題に関心をもつようになり、問題の解決が利己心を超えた倫理的な喜びをもたらすと感じるようになる。さらに、この問題に自らがコミットすることにより、問題解決から得られる喜びが一層高められる。こうして、この問題の解決を自らの大義と定め、より具体的に行動するようになる。しかし、このような倫理的な動機は、外的な要因に左右されやすく、何らかの工夫がないことには脆くて持続しそうにない。

大義の全うの難しさには別の理由もある。一般に、個人の社会貢献は思ったほど大きな成果を生まない。このことを知ると、コミットメントは弱まり、持続できなくなる。ならば、同じような大義をもつ人同士が集まって協力すればどうだろうか。そうすれば一人では達成できないもっと大きな社会貢献も持続できるのではないだろうか。

大義の実践にはこのような組織作りの役割がとても大きいと考えられる。特に法人企業は、単なる個人の集合体をはるかに超えた社会貢献をもたらすことができるはずだ。企業が商業的な方法によって、営利追求とともに社会的責任をも果たすならば、市民は従業員としてその企業に参加して、企業と仕事に対する高い忠誠心とエンゲージメントを保ちながら、自らの大義を実現できるかもしれない。このように、企業や組織には、市民の大義の実現のためのプラットフォームになること、そしてさらに大規模で効果的な社会貢献を持続的に達成する装置になることが期待される。従業員にとって、企業は生活の糧を得るためだけではなく、自己実現のための居心地のいい場所になりうる。

3　サステナビリティ

では、現代における最も重要な社会問題とは何か。現代社会は、地球環境の変化と市民の意識の変化に伴って、非常に多くの課題を抱える状況になっている。その主要なものは「サステナビリティ（持続可能性）」という理念に集約することができる。サステナビリティとは、環境、社会、経済の三つの側面を総合的に考慮し、未来世代にも十分な資源や環境条件を提供することを目指さなければいけないという理念である。

例えば、環境的視点から、サステナビリティは、経済活動が環境に与える影響を最小限に抑え、生態系を保護することを目指す。森林伐採、生物多様性の減少が生態系に悪影響を及ぼしている状況を何とかしなければいけない。

中でも気候変動は最も深刻な環境問題である。地球温暖化が進行し、極端な気象事象や海面上昇が問題となる。気候変動問題の解決のため、CO^2（あるいは温室効果ガス）の排出をグローバルに削減し、化石燃料に頼らない持続可能なエネルギー方式へ転換しなければならない。

社会的視点から、サステナビリティは、貧困、格差、社会的不平等を深刻な社会問題と捉えて、公平な社会を追求し、誰もが機会と福祉にアクセスできることを目指す。健康や労働条件の改善、教育の普及、食品の安全、住環境の安全、社会的包摂、人権の尊重など、生活の質の向上を目指す。

経済的視点から、サステナビリティは、鉱物資源、水、食料などの枯渇を重要課題とし、持続可能な資源管理を目指す。経済活動が未来世代にわたって持続可能であり、資源の適切な管理とともに、経済成長の健全性を、個人、企業、政府など、様々なステークホルダー(関係当事者)に求めていく。

産業革命以降、世界はこのようなサステナビリティに注意を払わず、気付きすらせずに経済的富の蓄積に邁進してきた。その結果、現代において環境や社会は大きなダメージを受けている。経済発展によって、CO_2の排出量が劇的に増加し、気候変動が深刻化してきた。このままでは近い将来において、生物種絶滅や自然災害といった不可逆で壊滅的な被害が地球規模で起こり、環境、経済、社会といった様々な側面に大きなダメージが生じてしまう。

サステナビリティが意味する現代の社会問題は、総括すると、過度の経済成長の結果、環境問題が深刻化し、それが世界市民の経済的生活水準の問題を超えて生命や尊厳をもおびやかし、未来世代に不可逆な損失を与えてしまうことをいかに回避して、文化的に豊かな生活を持続させることができるか、ということだ。利己心と見えざる手だけでは、これは解決されない。世界市民が意識的にこの解決に取り組まなければいけない。世界市民が未来世代を心配し、サステナビリティの大義を持ってこの問題に深く関与しなければいけない。

サステナビリティは、世界市民に意識的な社会貢献をすることを強く求めている。このことは、見えざる手による経済発展とは対極にある。経済的富の無思慮な蓄積の行く末は、未来世代に不可逆で壊滅的なダメージを及ぼすことに他ならない。経済発展が停止するだけではない。その帰結として市民の生存や尊厳が脅かされ、自然環境が破壊され、文化的な停滞が同時に起こる。これは地域ごとの問題ではなく、世界全体をまきこむカタストロフィである。世代や地域を超え、異なる文化や社会について相互に尊重し、みんながこのグローバル・カタストロフィの回避に参加しなければいけない。

4　ＳＤＧｓ（持続可能な開発目標）

２０１５年に国連（国際連合）において採択されたＳＤＧｓ（持続可能な開発目標）は、全世界市民に向けて、サステナビリティのための目標をわかりやすく詳細かつ広範に示した、サステナビリティの実践のためのガイドラインである。ＳＤＧｓは、環境、経済、社会の持続可能性に関する幅広い課題をカバーし、貧困と飢餓の撲滅、食の安全、健康の向上、良質な教育の提供、ジェンダー平等の達成、クリーンエネルギーへのアクセス、持続可能な都市の構築、清潔な水と衛生の利用可能性、気候変動への対策など、17の目標を示している。これらの目標は、さらに具体的な１６９のターゲットに細分化されている。それらは、先進国、発展途上国を問わず、全ての国々が取り組むべき普遍的な目標であり、経済、社会、環境という三つの側面の持続可能性を統合的に捉えている。

ＳＤＧｓの17の目標は表に掲げた通りである。

サステナビリティは、もともと環境問題、特に気候変動対策に焦点を当てていたものの、環境だけでなく、経済や社会全体にわたる広範な問題を統合的に考えることを、非常に重視している。そのためＳＤＧｓには、気候変動とは直接関連しないように見える目標もたくさん含まれている。

ＳＤＧｓが多岐にわたる目標を設定しているのは、持続可能な発展が、単一の問題に対する個別的な解決ではなく、多様な課題を包括的に解決することによってのみ達成できると考えられるからだ。気候変動に集中することは重要だが、それだけでは全ての人々が直面する課題に対処することはできない。経済的、社会的公正を含めることによって、より平等で公平な社会を目指し、それが最終的には持続可能な環境の実現につながる。

気候変動の影響は、貧困、飢餓、健康、清潔な水と衛生、エネルギー、経済成長、不平等など、多くの目標に深く関連している。CO_2排出削減に成功すると、気候変動の進行を遅らせることができ、極端な気象イベント、海面上昇、生物多様性の損失などといった一連の問題を緩和できる。食料安全保障、水資源の確保、健康への影響、住居の安全性など、他の多くのSDGsの目標に直接的な利益をもたらす。

その一方で、他のSDGsの目標に取り組むことが、今度は気候

1 貧困をなくそう
2 飢餓をゼロに
3 全ての人に健康と福祉を
4 質の高い教育をみんなに
5 ジェンダー平等を実現しよう
6 安全な水とトイレを世界中に
7 エネルギーをみんなにそしてクリーンに
8 働きがいも経済成長も
9 産業と技術革新の基盤をつくろう
10 人や国の不平等をなくそう
11 住み続けられるまちづくりを
12 つくる責任つかう責任
13 気候変動に具体的な対策を
14 海の豊かさを守ろう
15 陸の豊かさも守ろう
16 平和と公正を全ての人に
17 パートナーシップで目標を達成しよう

変動の緩和や適応策の発見につながっていく。例えば、質の高い教育を提供することは、人々が気候変動の原因と影響を理解し、持続可能な生活様式を採用するための知識と技能を身に付けることにつながる。責任ある消費と生産に取り組むことは、資源の効率的な利用と廃棄物の削減を通じて、環境への負荷を軽減し、気候変動対策に貢献する。女性の社会参加の拡大は、地域社会の貧困削減や経済的安定に貢献し、持続可能な開発への道をより高みへと引き上げることができる。大事なのはこれらが全て相互に関連していることだ。

このような包括的なＳＤＧｓは、全世界市民に向けて、現代に必要とされるサステナビリティの大義についての方向性を示してくれる。世界市民には、個人としての立場に限らず、企業や組織、地域コミュニティ、政府、国際機関など様々な立場においても、ＳＤＧｓに関連する社会貢献に意識的に、創造的に取り組むことが期待されるのである。

ＳＤＧｓは各世界市民に対して、ＳＤＧｓの目標のどれかに深く関連する大義の発見と実践を奨励することになる。しかし、その大義が他の目標を犠牲にして達成されることは慎まなければならない。そうならないように、全ての目標とのバランスを考えることが重要になる。そうすることによって、市民は世間からの信頼と評判を確保することができ、大義の実現をより確実にすることができる。ＳＤＧｓは、大義、信頼、評判を有機的に結びつけることによって、とりわけ営利活動を通じて、サステナビリティへの取り組み自体が持続可能になる社会を目指すのである。

ＳＤＧｓは、政府、民間セクター、市民社会が参加する多元的な取り組みと、様々なステークホルダーの協力関係を重視する。社会的目的の達成には多くのステークホルダーの関与が必要である。専門家でない人も、直接的な利害関係のなかった人もその中に含まれる。ＳＤＧｓはこれらがよいハーモニーを奏でるような仕組みの発見を促している。

また、ＳＤＧｓは多様性と包摂性を重視する。世界市民は様々な世界観をもち、時には対立することもある。また世界観は時間を通じて変化もする。ＳＤＧｓは多様な世界観とその変化を認めつつ、市民に価値観の共有を促し、サステナビリティからの恩恵と、サステナビリティへの貢献参加において「誰一人取り残さない」ことを求める。

２０１５年に制定されたこのＳＤＧｓは既にとても包括的であるが、時代の変化に応じてさらに更新される必要もある。例えば、現状のＳＤＧｓにはデジタル空間の課題に関する直接的な言及がない。目標９（産業と技術革新の基盤をつくろう）では、インフラの質の向上、持続可能な産業化、イノベーションの促進が含まれている。これには間接的にデジタル・インフラストラクチャーの技術革新が含まれる。しかし、セキュリティ、プライバシー、情報格差といったデジタル空間に関する責任問題については対応が不十分である。これらに対処するため、今後SDGsの枠組みを更新して、デジタル空間に関連する目標や指標を新たに設定することも必要だろう。デジタル空間がサステナビリティの実現に大きく貢献することが期待されるからだ。

資本主義は市場の効率と個人の利益追求に重点を置いてきた。しかし、SDGsはこれらを超えて、より広範な社会的、環境的な考慮を経済システムに組み込むことを促している。資本主義における経済活動が環境や社会に与える影響を認識し、資本主義における経済的な成功の定義を再検討して、より包括的で持続可能な発展への移行の仕方を模索することを促している。個人の利益だけでなく、環境保護、社会的公正、経済的公正を重視することで、資本主義に新たな大義をもたらすことを促している。

民主主義に対しても、個人の政治的自由を超えて、より広範な社会的責任に重点を置く大義が期待される。国民には、単に国内の政治的権利を行使するだけでなく、より大きな世界的なコミュニティの一員として行動することが求められる。例えば、気候変動は国境を越えた問題であり、その解決策も国際的な協力を必要とする。民主主義国家は、国際交渉に参加し、共通の目標に向かって努力することによって、グローバル・コミュニティに対して貢献しなければいけない。

気候変動対策は、現世代だけでなく、将来世代の福祉にも影響を与える。長期的な視点を持ち、未来のために責任を持つことが大切になる。また気候変動は、特に貧しい国々や脆弱なコミュニティに大きな影響を与える。民主主義国家は、公正と平等を促進するため、これらのコミュニティを支援することに責任を持たなければいけない。このような気候変動問題への対応は、個人の政治的自由を超えて、グローバル・コミュニティへの責任と貢献を目指す大義になる。

5　コモンズの悲劇

サステナビリティ(SDGs)の問題の多くは共通して「コモンズ(共有資源)」の問題と捉えることができる。コモンズとは、複数の人々が共同で利用する資源のことで、誰もが自由にアクセスし利用できるという特性を持っている。公共の牧草地、森林、漁場などはこれに直接的に該当する。コモンズはコミュニティにとって価値があり、適切な管理の下で共有されることによって、その価値を最大限に発揮することができる。しかし、個々の利用者の利己的な利益追求が、コミュニティ全体の長期的な利益を損なうという深刻な懸念が付きまとう。

この問題は「コモンズの悲劇」と呼ばれ、生態学者ギャレット・ハーディンによって、解決の難しい社会問題として1968年に提唱された。コモンズの悲劇は、過剰利用によって、共有資源が枯渇し、最終的には誰にとっても利用できなくなるというパラドックスのことだ。コモンズの悲劇は、サステナビリティ（SDGs）に関連する諸問題の解決がどれも容易ではないことを象徴的に捉えている。

例えば、共有の牧草地がある村を想像してほしい。各牧畜者が自分の利益のためにできるだけ多くの羊を牧草地に放つと、当初はそれぞれの利益になる。しかし、牧草地には限られた量の草しか生えておらず、過剰な数の羊によって草が過剰に食べ尽くされると、牧草地は荒れ果て、最終的には誰も羊を飼えなくなる。

各個人が自己の近視眼的な、短期的な利益のみを追求することで、最終的には共有資源が破壊され、全員が損をする、あるいは将来世代が損をする結果となる。このようなコモンズの悲劇を防ぐために、共有資源の適切な管理と規制が不可欠になる。

コモンズの悲劇は、様々な自然資源の過剰利用や環境破壊の背景にある本質を捉えている。例えば、気候変動問題においては大気が、地球上の全ての市民や国々によって共有されるコモンズになる。一部の国や企業が自身の利益のために大量のCO_2を排出すると、大気の変質によって、地球全体の気候システムに悪影響を与えてしまう。

水資源の枯渇もまた、コモンズの悲劇の重要なケースになる。農業、産業、都市開発における過剰な利用は水資源の枯渇を招いてしまう。特に乾燥地帯や人口密集地では、水の利用競争が激しく、長期的な水資源の安全保障に重大な脅威をもたらしている。

伝統的な経済学の知見からは、このようなコモンズの悲劇を解決するために、私有権の割り当てが提案されている。共有資源を個人または企業に私有財産として割り当てて、資源の管理責任を所有者に委ねるという考え方だ。このような私有財産権が与えられると、所有者は資源を過剰に利用することの長期的なコストを直接負担することになるため、資源の持続可能な利用により関心を持つようになる。例えば、特定の漁場や森林を特定の漁師や林業者に割り当てることで、その資源の持続可能な管理を市場における経済活動に取り込むことができる。

さらに伝統的な経済学の知見から、市場の不備を補完するため、政府や公的機関がコモンズの利用に関するルールや制限を設けるといった、中央集権的な規制と管理も提案されている。政府は、利用可能な量の制限、アクセスの制限、特定の活動に対する許可制度といった規制や法律を通じて、資源の持続可能な利用を確保し、環境保護を強化する。漁獲量の制限、排出権取引制度、公共の牧草地での放牧頭数の制限などがこれに該当する。

しかし、これらの方法に頼ることには限界があり、適用が難しいケースも多い。例えば、私有財産権の割り当ては、資源の分割が困難であるとか、不公平な資源配分を引き起こす可能性がある。私的財産権を割り当てられた人が、かえって自身の権利の行使が他者に及ぼす影響、つまり広範の外部性効果を考慮しなくなる恐れもあり、事態を悪化させかねない。また、政府による規制は、本来適切な規制の設計と実施に高いレベルの知識と監視を必要とするものである。しかし、えてして結果的には過剰な官僚主義や柔軟性の欠如を招いてしまう。サステナビリティは、私的所有をベースとした市場的解決や中央集権的な政府の規制では対処しきれない。そのため、市場や政府とは別の方法、例えば、コミュニティの役割、公共意識の向上と教育、多様なステークホルダーによるパートナーシップ、多面的なイノベーションなどにも、強く期待することになる。

サステナビリティにおけるコモンズの悲劇は、環境問題に限るものではない。社会的側面においても、公共の場、文化的遺産、オンライン空間など、共有されるべき価値やサービスの多くはみなコモンズと捉えることができる。これらは、社会の構成員が自由にアクセスし、利用し、享受することができる資源だが、過剰利用や不適切な管理によって質が劣化するからだ。サステナビリティの経済的側面においても、金融市場の安定性や公共インフラは、共有されるべき資源であり、適切な管理と規制が不可欠になる。これらの資源の乱用や不公平なアクセスは、経済システム全体の持続可能性に悪影響を及ぼすことになる。これらの領域においてコモンズの考え方を適用することは、サステナビリティの諸問題をより広い視野で捉え、統合的な解決策を模索する上で不可欠である。

実際、サステナビリティの諸問題のほとんどはコモンズの悲劇になぞことができる。コモンズの悲劇を包含する、より広い範囲を扱う社会的ジレンマであるライダー問題」と称されるインセンティブの欠如が、サステナビリティを阻む根本要因にるからである。フリーライダー問題は、ある個人または団体が、他者が負担するコスト乗り（フリーライド）して、他者による社会貢献を無償で享受しようとする状況を指して、個人や団体は、社会問題の解決に自ら進んで貢献するインセンティブを失ってし

例えば、公共放送の資金調達は、フリーライダー問題の典型例になる。公共放送が提供コンテンツは、誰もが無料でアクセスできるならば、人々は利己的である限り、寄付や支払いをする動機を感じにくくなる。しかし、十分な資金がなければ、そのようなコンテンツは提供されなくなる。ここで、多くの人が利益を享受しながらも、コストの負担から逃れようとするフリーライダー行動が問題となる。この論理はコモンズの維持管理を他人任せにする論理と同

じである。

同様に、ジェンダー平等、良質な教育、良い仕事と経済成長など、一見したところコモンズとは関係のなさそうなSDGsの諸目標も、深く理解すると、フリーライダー問題として認識することができる。

本書におけるコモンズの悲劇(あるいはフリーライダー問題)の解決とは、持続可能な(サステナブルな)維持管理体制の構築を意味する。「CO_2の過剰排出が収まらず、深刻なグローバル・カタストロフィが生じ、多くの世界市民が亡くなる。しかし結果的には、生産活動が適度[illegible]小され、CO_2の排出が削減されることになる」。このようなシナリオは本書におけ[illegible]でも は見なされない。「カタストロフィは避けられない。ではノアの箱舟に乗って生き[illegible]組になるにはどうしたらいいか」。このような議論がなされるようなさみしい[illegible]ことが賢明 回避したい。そのためには、よりよい解決方法の糸口を真摯に地道に増や[illegible]だ。

6 オストロムの原則

ノーベル経済学賞を受賞した政治学者エリノア・オストロムは、アルプス地方の牧草地や日本の棚田の共同利用など、地域コミュニティが持つ牧草地、森林、漁場といった、小中規模のコモンズについての豊富な事例を調査した。その結果、多くのコミュニティにおいてコモンズの悲劇が起きていないことを発見した。重要な点は、政府によるトップダウンではなく、主要な利害関係者(ステークホルダー)であるコミュニティ自身によってコモンズが効果的に管理されているということである。その具体的な解決方法は事例ごとにまちまちではあるものの、共通する規則性があることも見出された。

オストロムは、調査結果をもとにして、多分野にわたる協働、教育の推進、テクノロジーの活用、コミュニティの力、政策とインセンティブなどといった解決策についての指針を、8つの原則として次の表のようにまとめた。

オストロムによる8つの原則は、適切に解釈されることによって、サステナビリティに係る様々なコモンズの悲劇(フリーライダー問題)の解決に重要な指針を提供することができる。原則1、2、3は、コモンズの管理において、利用者の主権、公平性、民主性が尊重されることが重要であるとしている。これによって、範囲を明確にされた全てのステークホルダーが合意に基づく厳格なルール設定に深く関与することができ、さらには状況の変化や取得された情報に

1　**明確な境界**：コモンズと利用者の範囲を明確にして，誰が資源を利用できるのか，どの資源が管理の対象かをはっきりさせる．

2　**管理の適応性**：コモンズの管理ルールは，資源の特性，地域社会の文化的，社会的特性といった，地域の状況や環境の変化に適応している．

3　**利用者の参加**：共有資源の管理に関わる全てのステークホルダーが，管理ルールの変更に参加し，合意形成に影響を与えることができる．

4　**監視**：資源の利用は，利用者自身または彼らに説明責任を持つ者によって監視され，違反者は適切に認識される．

5　**段階的な制裁**：ルール違反者に対しては，違反の度合いに応じた段階的な制裁が適用される．

6　**紛争解決**：利害関係者(ステークホルダー)間の紛争は，低コストでアクセス可能な地域の方法で迅速に解決される．

7　**最小限度の認識権**：政府などの上位の外部機関は，資源の管理に関するコミュニティの一定程度の権利を認め，干渉しない．

8　**複数層の統治組織**：共有資源の管理は，最も小さいコミュニティレベルから，より大きな統合された複数の組織レベルにわたって行われる．

柔軟に適応できるようになる。

原則4、5、6は、違反者を監視によって突き止めることが重要であり、それは違反に対する抑止力となるとされる。しかし、違反者に対する制裁措置については慎重に設定されるべきである。つまり、違反者を排除したり村八分にしたりすることは極力避けて、違反者にルールの重要性を理解させ、コミュニティへの再統合の機会を与えることが優先されなければいけない。過度の制裁はコミュニティ内の分裂や不信を招く恐れがあり、回避されなければならない。紛争が起きてもことを荒立てず、費用のかからない方法で解決できる工夫が必要になる。

原則7は、コミュニティによるコモンズの管理を国のような上位機関が認め、干渉してはいけないことを意味している。しかし、これは、コモンズの管理者としてのコミュニティが独占的な権限を持つということではない。管理者がコミュニティの外部に対して社会的責任を負っていることも認識されなければいけない。

原則8は、地域性の強いコモンズの管理においても、気候変動や隣接地域の影響を受けること、管理に必要な知識やリソースが外部からの支援によって提供されること、上位機関の法的制限を受けること、紛争の解決の仕組みが上位機関によっても提供されることなど、外部の役割と関係性も大事になることを指摘する。複数層の組織構造が設定されることによって、トップダウンの弊害を最小限にとどめ、各レベルでのコモンズの管理への協力が促進されるとしている。

このように解釈されることによって、オストロムの原則は、コモンズの持続可能な管理のための一般的なガイドラインになると期待される。これらの原則のもとで、ステークホルダーが問題解決に深く関与しやすい社会的環境が保証される。地域やステークホルダーによる状況依存型の解決が促進され、サステナブルな管理の質を高めることができる。

オストロムは、これらの原則が成り立つ状況においては、コミュニティが本来備わっている問題解決能力を発揮し、コモンズの持続的管理システムを「自己組織化」できると考えた。コミュニティのメンバーは、外部にはわからないコミュニティの特性やニーズや文化的背景などの詳細情報を共有している。その情報を問題解決に柔軟な仕方で利用することができる。自己組織化とは、このような詳細情報を問題解決に利用するためのルールや規範を、コミュニティが自ら設定し、それに従って行動する能力のことである。オストロムの原則は、共有資源の管理が単一の解決方法に依存するものではなく、地域の状況やニーズに適応した多様なアプローチを必要とすることを踏まえている。

7　センの笛

以下に、「センの笛」と呼ばれる、ノーベル経済学賞を受賞した経済学者アマルティア・センによるチャーミングな例を検討しよう。これはコモンズには直接関係しないが、コミュニティの自己組織化による問題解決の有用性の理解を大いに助ける。

「一本の笛を三人の子供(A、B、C)の誰かにあげたい。誰にあげればいいか?」この配分問題を三人の子供自身ではなく、コミュニティの大人住民が相談して解決するとしよう。はっきりしていることは、子供Aが三人の中で一番貧乏だということ。子供Bは笛が一番上手だということ。そして子供Cはこの笛を作ることに係ったということだ。はたして誰がこの笛を手にするべきか?

AにもBにもCにも、それぞれにふさわしい正義に基づく言い分がある。Aは一番貧しいから少しでもいい思いをさせたい。これは「平等主義」という正義だ。Bは一番笛が上手だから他の誰よりも笛から満足を得られる。これは「功利主義」と呼ばれる正義だ。上の二つの正義は、誰がより貧乏か、誰の満足がより高いかについて三人を比較している。だから、貧困や幸福を個人間でどう比較するかについて、コミュニティの住民は価値観を共有していることが大切だ。価値観を共有してない人には、貧困や幸福の在り方を正しく伝えることができない。貧困や幸福の在り方について、誰でもわかるような客観的な基準を定めることは難しいからだ。幸いにも、住民の間で価値観を十分に共有できているとしよう。

子供Cの場合は少し事情が異なる。Cは笛を作ることに係ったから既得権を持っている。これは「リバタリアニズム」という正義だ。リバタリアニズムは、平等主義や功利主義とは違って個人間比較を必要としない。

では、平等主義、功利主義、リバタリアニズムのいずれが、笛の問題において妥当な正義とされるべきか。お互いの主張はそれなりにごもっともだ。しかしもう少し詳しい事情がわかれば、もっとはっきりしたことがいえるかもしれない。例えば、Aは確かに貧乏だが、他の二人と大差ないことがわかったとする。ならば、Aのために平等主義を振りかざすのは不正義だ。あるいは、Bはさほど突出して上手なわけでなく笛を大好きというわけでもないことがわかったとする。ならば、Bのために功利主義を振りかざすのは不正義だ。

このように、詳しい事情がわかれば、どの主張がより正義にかなうかがはっきりしてくる。意見が割れている場合、詳しい情報を収集できれば、みんなの意見はもっとひとつに収束していくに違いない。

では仮に、Aはかなり貧乏であり、住民はみなAに笛をあげるのが望ましい解決であることに気付いているとしよう。ならばすんなりAに決まるかというと、実はそうでもないのだ。まずは住民がこの問題に関心をもって関与してくれないことには、一歩も先に進まない。また、仮に関心があるとしても、Aを支持しないかもしれない。みながBをえこひいきして、Bを推薦するかもしれないからだ。

そこでまずは、オストロムが念頭に置いていなかったような、理想からかけ離れたコミュニティを想定してみよう。つまり、住民は無関心であり、しかも徹底して利己的であるとしよう。このままでは、AとBとCの誰がふさわしいかを尋ねても、誰もちゃんと答えてくれない。

そこで以下のように、世俗的な方法を使うことを考えてみよう。つまり、質問に答えてくれたならお金をあげるとするのだ。ならば住民は積極的に質問に答えるようになろう。しかし正直にAが妥当だと答えてくれる保証はまだない。このままでは皆の意見がまちまちであることが起きかねない。

ではさらに方法を変更して、「他の住民の平均的な意見とは差のある意見を述べている住人には、獲得金額をその差に応じて引き下げる」というルールを設定してみよう。今度は、住民皆が一様にえこひいきしている子供(ここではB)と答える事態が生じてしまう。センの笛の解決が、気まぐれな(ケインズ的な)美人投票のようになってしまう。つまり、「他の住民がBと言うから私もBがいい」と答えてしまうのである。このような場合、皆の意見はBで一致しているので、意見に差はないので、差に応じた減額もなく、みなが最高金額を獲得できることになる。にもかかわらず、正解であるAという意見は依然として俎上にも上がらない。

このように、コミュニティの住民が徹底して利己的であると、いくら詳しい情報を知っていて、Aが正解であることが分かっていても、Aに決定されるには至らない。

一般に、決定に関与する人がみな利己的であり、倫理的な動機を持つ可能性が全くないような、非人間的なコミュニティでは、正義や公平性に関する詳しい情報を社会的決定に反映させることができない。住民が正しくAを表明するケースは、他の住民もAを表明すると予想する場合に限られる。そうでなければ、住民は自身の利益のために平気で嘘をつく。このようなコミュニティは、単純なセンの笛の問題すら解決することができない。

伝統的な経済学はもっぱらこのように非人間的な社会を念頭に置いていた。そのため、伝統的な経済学はセンの笛すらまともに解決案を出すことができない。ましてコモンズの管理などは以ての外である。

では今度は、最低限の人間性を保持しているコミュニティを考えてみよう。すると事態は一変するのである。再び、コミュニティの住民はみな利己的であるとしよう。しかし今度は、このことが周知の事実(共通知識)にはなっていないとする。つまり、住民の認識の中では、ある住民が倫理的な動機を持つ、つまり正直でありたいという気持ちを少しはもっている可能性を、完全には否定できないと仮定しよう。このように最低限の人間性が少なくとも認識論的には保たれているならば、以下のように、コミュニティが正しい問題解決の方法を見つけ出すことができる。

意見の求め方を少し変えて、A、B、Cの誰がふさわしいかを問うのではなく、A、B、Cの各々について「どの程度」ふさわしいかを尋ねるとしよう。この場合、倫理的な動機を少しは持つ住民であれば、仮に他の住民が子供Bを100%推しているとしても、若干正解のAにバイアスのかかった意見を表明したがるだろう。ならば今度は、利己的な住民といえども、他の住民が倫理的な動機を少しは持つ可能性を否定できないならば、多少なりともAにバイアスのかかった意見を表明することが、純粋に利己的であっても最適な意見表明になる。このような推論を重ねていくと、利己的な住民全員が正解Aを表明するように誘導されていくことがわかる。

こうして、問題解決の手続きを上手に設定するならば、非人間的なコミュニティでない限り、「センの笛」問題を住民だけで解決することが可能になる。

読者の中には、実際の世の中はここで言う非人間的なコミュニティよりももっと悪いものであって、敵意のある人もいるんじゃないかと疑っている方もいらっしゃるのではないだろうか。コミュニティの大人住民の中には、ごひいきのBに過度に固執するあまり、不正直な態度を貫こうとする人もいるんじゃないか。

実は、金銭的なインセンティブを与えると、多くの様々な非金銭的動機は薄れて、お金に執着していく傾向があることがよく知られている。そして、特筆するべきは、正直な動機や倫理的な動機に関しては、他の非倫理的動機に比べて、消えずに残る傾向が強いことも、経済学実験においてよく観察されている。

金銭的ルールを上手に使うと、複雑で多様な行動動機は「お金か道徳か」という二分法に単純化されるのだ。仮に敵意のある人がいたとしても、金銭的な解決方法が依然として有効になる。「お金は賢く使えば正義のルールになる」ということだ。

8　官僚主義と民主主義

このようなセンの笛の解決の背後には、オストロムの原則７（最小限度の認識権）という条件が仮定されている。原則７が守られていないと、コミュニティはセンの笛の解決に到達できなくなる。つまり、政府などの上位の外部機関が、コミュニティの決定権を認めていない場合には、このような問題解決に至らなくなる。

政府はコミュニティと価値観を共有していないし、詳細情報もわからない。そんな政府がコミュニティに無思慮に干渉すれば、コミュニティの問題解決能力は発揮できなくなる。特に、別のコミュニティが似たような問題に直面したことが過去にあって、その時の決定と異なる決定を下す必要がある場合に問題が生じる。政府には他のコミュニティの事例と同じような決定や決定の方法を求める傾向があるからだ。「Ａは正論であるかもしれないが、コミュニティ内で採用されているルール自体は適切でない」。官僚主義的に、より普遍的な決定に従えと干渉されるのである。したがって、このようなことが起こらないように、あらかじめ上位の外部機関は、コミュニティに自己決定権を認めて、余計な官僚主義を押し付けないように約束しておく。原則7はこのことを要請している。

ノーベル経済学賞を受賞した経済学者ケネス・アローは、経済学と政治学の境界領域である社会的選択理論において、以下のような非常に有名な「不可能性定理」を示した。つまり、もし社会的決定が詳細情報を一切考慮しないでもっぱら官僚主義的な手続きによってなされるならば、必然的に独裁的な決定に陥ってしまうことを、アローは公理論的に証明したのである。ここでいう詳細情報とは、個人の利己的な選好情報を超えて、個人を比較したり、倫理的な基準を決めたりする際に必要となる情報のことである。これはセンの笛の例において重要な役割を果たした情報に対応する。

この情報の活用には価値観の共有が必要になる。しかし官僚主義を押し付けると、これらの情報が活用できなくなる。その帰結として、コミュニティの中から誰か一人が選ばれ、どのような状況においてもその人の意見によって問題が処理されるという、およそ民主主義の理念からはかけ離れた決定が必然的に起きてしまう。

アローの定理をさらに深く解釈するならば、健全な民主主義のためには、官僚主義的な一元的ルールに縛られることなく、コミュニティによる柔軟で多様な決定を利用せよということになろう。このようなアローの定理の解釈は、サステナビリティが目指すコミュニティ・ベースの社会システムと民主主義の理念が、本質的には合致すべきものであることを確認させる。

コミュニティが重要な役割をなすためには、住民の間で価値観の共有があることとともに、全員が利己的であることが周知の事実でないことも必要である。どちらかが欠けるとコミュニティの存在意義は失われてしまう。しかし、見えざる手の経済学はどちらも必要としていない体系である。これではコミュニティが立ち入る余地はそもそもない。そのため、センの笛の解決についてすら、まともに議論することができなかったのである。しかし、コミュニティに最低限の倫理性と価値共有性が備わっていれば、問題解決の余地は十二分にある。

つまり、サステナビリティの実現には険しい道のりが待っているだろうが、解決の糸口はいろいろと考えられるので過度に悲観する必要はないということだ。

9　グローバルコモンズ

オストロムの原則は、基本的には、コミュニティ単位で管理を検討できるような小中規模のコモンズを念頭に置いている。しかしサステナビリティに関連するコモンズは、たとえ地域的な管理が依然として有用であっても、地域外に及ぼす外部性を無視できないものばかりである。

原則8（複数層の統治組織）においてこのような外部性がある程度配慮されているものの、オストロムの原則の一般的な適用にはより一層の慎重さが求められる。例えば、原則7に関しては、地域コミュニティの自己決定権はもっと限られた範囲に留められる必要がある。そして、コモンズの統治には透明性と民主性が要求され、外部に開かれたコミュニティであることが強く求められる。

特に、サステナビリティの中軸をなす気候変動問題は地球規模の課題であり、オストロムが扱ったような地域的なコモンズとは次元が異なる。気候変動の原因となるCO_2の排出を抑制しないと、温暖化に歯止めが利かなくなり、気候変動による深刻な被害が世界中で多発する。気候変動問題においては、世界市民全員が大気の利用者であり、直接的なステークホルダーになる。そのため、CO_2排出の削減を個々の地域コミュニティの判断だけに委ねると、コミュニティ間でグローバルなフリーライダー問題が発生することになる。

各コミュニティは、CO_2排出削減がコミュニティの外に及ぼす影響を考慮しないかもしれない。よって、コミュニティの範囲を超えて社会的責任を果たそうとするインセンティブが、世界市民からいかに引き出されるかが問われることになる。これはコミュニティが潜在的にもつ自己組織化能力だけでは対処することができない問いである。そのため、国際交渉を通じて、世界規模のCO_2排出削減を実現させなければならない。問題の核心は、大規模なCO_2排出削減をグローバルに達成するために、いかにして国際合意の形成とその実行を可能にするか、である。

気候変動問題のように、地球全体がコモンズの当事者になるケースを「グローバルコモンズ」と呼ぶ。気候変動に限らず、サステナビリティの目標に関連する問題は多かれ少なかれ、グローバルコモンズの要素をもっている。グローバルコモンズは大規模で複雑であり、様々な国家や関係者間で利益の相違がある。コミュニティの自己組織化能力を重要なピースとするも、環境税の徴収などの国家的な強制力も利用しつつ、国際的な利害の対立を超えて、世界全体が協働する国際システムをいかに構築すればいいいか。これは通常のコモンズの管理よりも格段に困難な課題になる。

例えば、原則１（明確な境界）については、資源の物理的な境界を明確にすることは難しい。大気の境界は非物理的であるため、国際的な協定や法律によって資源の使用範囲や責任を定義する必要がでてくる。原則２（管理の適応性）、原則３（利用者の参加）については、国際的な交渉と協調が求められるが、意思決定プロセスに直接参加できそうなのは、全世界市民ではなく、国家や地域ブロックといった限られた代表者たちである。

気候変動問題についての国際交渉は、国連のCOP（締約国会議）において30年以上継続的に行われているが、世界規模の削減について実行性のある合意形成には全く至っていない。

グローバルコモンズの解決には、コミュニティや世界市民の間によいシナジー効果がうまれるように国際社会を作っていくことが必要だ。この際には、グローバルな約束を無理に強制して、市民、コミュニティ、国家の主権をさまたげてはいけない。過度な約束や厳しい制裁、制裁手段の乱用などは、新たな国際紛争の火種になりうる。よって、国際秩序の適切な管理と利用を持続化し、市民主権、国家主権を守りながら、グローバルコモンズの問題を国際的に解決していかなければならない。

さらには、原則5（段階的な制裁）に則って、協力的でない国や国際秩序を守らない国が現れた際に大きな混乱が生じないように、不測の事態における上手な対処の仕方も、併せて検討しなければならない。つまり、国際システム自体がサステナブルになるように構想を練らなければいけない。

10　新しい資本主義、新しい社会主義

グローバルコモンズは、サステナビリティの大義を実現させることが容易でないことを象徴するものである。世界市民は、サステナビリティの世界観をもち、サステナビリティの大義を抱き、それを実行しようとする。未来世代のためになにか具体的な行動をとりたい。しかし、ひとりの努力は微々たる効果しかもたらさない。いずれサステナビリティに深く関与できなくなり、大義は私利私欲の誘惑に駆逐されてしまう。

このようにならないため、世界市民には組織的に協働する制度的工夫の構築が求められる。サステナビリティのための新しい企業組織、新しいコミュニティの在り方、新しい国家像、新しい経済社会システム、そして新しい国際システムが問われることになる。

以上を踏まえて、本書では、サステナビリティのための二つのシステム構想を提案することになる。それは「新しい資本主義」と「新しい社会主義」である。二つのシステムは対立するのではなく補完しあう関係である。全ての市民、コミュニティ、国家が両方のシステムに深く関わることが求められる。

新しい資本主義は、市民や企業が社会的責任を果たし社会的目的（大義）を実現するために、資本主義的な市場システムを修正した上で有効に活用する可能性を探るものである。従来型の資本主義は、経済的富の蓄積をもたらす一方で、サステナビリティにはマイナスの効果を及ぼしていた。そのため、サステナビリティが中心になるように、制度や政策の考え方を劇的に変えていかなければならない。それは、市民が潜在的にもつ、社会に貢献したいという思いを励まし、サステナビリティのために必要なイノベーションを活発にし、市民のサステナビリティの大義を実現に結びつけるように資本主義の制度と政策を変えるということだ。

従来の資本主義と同様、企業の果たす役割は重要である。しかし、大きく異なるのは、企業の営利活動には社会的責任が強く求められ、持続的で一貫したサステナビリティのための経営姿勢が問われることにある。ステークホルダー型経営や社会的企業といった、多様な組織形態を追求していくことも必要になる。独立した機関との役割分担と共同作業も考えていく。こうして、倫理的な世界観と大義をもつ経済主体が資本主義を使いこなすことができる世界を目指すのである。

しかしながらこのような新しい資本主義の構想は、気候変動に代表されるようなグローバルコモンズに直面した場合、その限界にぶち当たる。グローバルコモンズにおいては、その影響範囲が広すぎて、経済主体の倫理性と市場競争だけでは内在するフリーライダー問題を解決することができない。そのため、市場競争とは別に、国際交渉による政治的解決の新たな可能性も、あわせて模索していかなければいけない。

気候変動に対処するため、いかにして世界市民が国際協力することができるか。ここで避けなければならないのは、気候変動対策がかえって国際社会に新たな対立や紛争の火種をもたらすことだ。あくまで市民主権、国家主権の保護を前提として、CO_2の世界規模の削減を慎重に検討しなければいけない。

国際社会を取りまとめる強制力のある世界政府は存在していない。今後そのような世界政府の樹立を求めることは、深刻な政治的リスクを伴うので期待するべきでない。また、世界市民の間で価値観、世界観が異なることを許容しなければいけない。世界市民の間に共有する価値観は非常に限られている。最低限の国際秩序と、国連のような権威付けられているが権力のない国際機関を、最大限に平和的に活用する方法が模索されなければならない。

そのためには、国際社会にトップダウン方式を使うことを控えて、世界市民、地域コミュニティそして国家の自主性と共同作業を尊重し、CO_2削減に消極的な態度をとるような国に対しても、極力強い個別制裁を加えないとする態度が必要だ。国際秩序を守ろうとしない「ならず者国家」が出現した場合でも、それによる混乱を最小限にくいとめる耐性が求められるのである。このような多面的視点から、できる限り平和的でレジリエント（柔軟）な国際システムを構築していかなければいけない。

本書は、新しい社会主義を、気候変動問題の解決のための国際システム構想として、試験的に提案する。この構想の基礎にあるのは「能力に応じて貢献し、必要に応じて享受する」という社会主義のスローガンである。気候変動問題において、「能力に応じてCO_2削減に協力し、必要に応じてCO_2削減からの恩恵を受ける」という解決を目指すのである。

社会主義の実現性は市民のインセンティブの観点から疑問視されてきた。今まで、国家主義的な管理と統制といった、サステナビリティに照らしておよそふさわしくない方法しか提案されなかったからだ。本書は、国際交渉のルールを平和的でレジリエントな仕方によって設計することで、たとえグローバルにはフリーライドしがちな世界市民であっても、自発的にCO_2削減に協力するように、国際システムの青写真を提案する。

新しい資本主義も新しい社会主義もともに、分権的決定メカニズムを通じてサステナビリティを実現させるシステム構想になる。中央集権的な計画や過度の政府の介入はサステナビリティに適さないため、あくまで分権的決定にこだわる。ボトムアップあるいはフラットな意思決定プロセスを中心とし、不必要なトップダウンを排除することによって、主権が尊重され、創造的な活動が促進される。

ノーベル賞を受賞した経済学者フリードリッヒ・ハイエクは、第二次世界大戦後まもなく、資本主義陣営における分権的な市場メカニズムが、社会主義陣営における中央集権的な計画経済と比較して本質的に優れていることを指摘した。この指摘はその後に大きな影響力を及ぼした。

市場経済では、有用情報が経済主体（市民）に広く散在しており、個々の経済主体は私的に獲得した有用情報を活用することで、市場における営利的な成功のための意思決定を行う。その結果、市場価格情報を介して、これらの有用情報が資源配分に活用され、経済効率性が促進される。

しかし中央集権的な計画経済では、このような散在している有用情報が中央当局に十分に掌握され活用されることはほぼ不可能である。中央集権的な計画経済は、個人の選択や自由を制限する傾向があり、それが市場のような、社会に備わっている自然な調節機能を妨げてしまい、経済の非効率性を招いてしまうのである。

ハイエクは、中央集権的な計画経済ではまず不可能な、経済主体による自発的なイノベーションの創発も強く推奨している。本書の構想とハイエクの思想はよく似ている。しかし、ハイエクの時代にはサステナビリティの考え方が存在していなかった。価格以外の情報通信伝達手段も、今日とは比較にならないほど限られていた。そのため、ハイエクの思想は現代においては大幅に修正されなければいけない。

例えば、サステナビリティの時代においては、民間セクター、NGO（非政府組織）、市民社会など、多様なステークホルダーの協力と参加をもっと重視しなければいけない。ハイエクとは異なり、政府の経済活動への参加も重要になる。地域の状況、文化、経済に合わせて、異なるアプローチを取ることも必要になる。市場に頼る一律の解決策よりも、地域固有のニーズに合わせた戦略が奨励されなければいけない。

ハイエクは市場の自由を最優先と考え、政府の役割を最小限に抑えることを強く主張している。しかし、これは今では時代にそぐわない考え方になる。本書のように、市場の力と並行して、政府や国際機関の役割も認識し、広範な社会的、環境的目標達成に向けた協力を重視するように修正されるならば、ハイエクの思想はサステナビリティの時代にも鮮烈な活力を取り戻すことができる。

11 サステナビリティとスピリチュアリティ

サステナビリティの時代において、世界市民には自然界との深いつながりを認識し、そのバランスを保つための生活様式を採用することが求められる。購入や消費の決定において、製品やサービスが環境や社会に与える影響を考慮することが求められる。地域社会やより広い世界の福祉に貢献する活動に参加し支援することが求められる。

環境に対する責任ある行動は、単に資源を節約すること以上の意味を持つ。それは、自然界との調和と相互依存の関係を認識することを通じて、より広いコミュニティと地球全体の福祉に貢献するという、精神的な実践になる。それは、経済学における外部性の内部化を超えて、より広い視野に基づく持続可能なイノベーションを喚起するものになる。

経済学における外部性とは、経済活動によってもたらされる社会的費用が経済活動の主体の私的費用と乖離しているために、市場競争が効率的な配分を達成できない、いわゆる「市場の失敗」をもたらす原因のことである。コモンズの悲劇やフリーライダー問題は、複雑な外部性とその内部化の困難さによって引き起こされると解釈することができる。

経済学においては、政府が環境税(ピグー税、矯正税、炭素税)を設定するなどして、私的便益や私的費用に含まれない社会的影響を当事者の利害に内部化させるという方法が、資本主義における中心的な政策と考えられてきた。しかしサステナビリティやＳＤＧｓは、このような市場の失敗としての外部性を超えて、より長期的かつダイナミックな視点から社会貢献の可能性を模索することを促す。社会的、環境的な課題に対する包括的、長期的な解決策をどうするかは、世界市民が自ら模索していかなければならない。そして、サステナビリティへの取り組みは、利己的な行動が社会の苦しみや環境破壊の根本にあることを深く理解し、単なる資源の保全を超えて、全ての生命とその生存基盤へのより深い配慮を促すものでなければいけない。

以上を踏まえると、サステナビリティは「縁起(因縁、あるいは一切即一)」に通じることがわかる。縁起とは、仏教の教えに基づく理念で、全ての存在が相互依存しており、独立して自立するものは何もない。物事は互いに影響し合い、原因と結果の連鎖によって生じるという視点である。縁起は、自然界、社会、そして人間関係における相互作用の理解を深めることで、深い責任感を育み、より意識的な生き方を促す。個人が自己中心的な視点を超えてより広い視野を持つことを促し、慈悲や共感に基づく行動が奨励される。

つまり、利己的な行動が社会の苦しみや環境破壊の根本にあることをよく理解し、そしてそれを超えようということである。これは、サステナビリティの取り組みが個人の利益を超えた社会全体や地球環境の福祉を目指すことと一致している。

さらにサステナビリティは、宗教的信念を超えて、スピリチュアリティ(精神性)と深くかかわる。人は、スピリチュアリティの探求によって、自己と他者、自己と世界との関係を見つめ直すことを求められる。スピリチュアリティとは、個人の内面的な成長と自己実現を目指す精神的な探求のことである。スピリチュアリティの探求は、信仰を超えて、人間関係、瞑想、祈り、自然とのつながり、音楽、芸術、創造的な表現、さらには世俗的、営利的活動など、様々な形をとり得る。それは、自己と生命、存在、そして宇宙との深いつながりを認識し、生命の神聖さを尊重することから始まり、物質的な世界を超えて意識を拡大させ、自己と他者、自然界との調和の取れた関係を築くための道に連なる。

スピリチュアリティは、全ての生命とその相互関係に対する深い敬意と感謝によって、自然環境との調和的共生を目指す。物質的な消費よりも内面的な充足を重視する。このようなスピリチュアリティに根ざした生活様式は、シンプルさと自然とのつながりを重視する。

スピリチュアリティは、人々の世界観に影響を与えることで、サステナビリティの精神的な基盤を形成する。サステナビリティをスピリチュアリティに関連付けることは、社会的責任の実践に必要な世俗的な方法と、その背景になる精神的な世界観とを、宗教的信念を超えて統一的に理解することに役立つ。

例えば、本書第3章において、サステナビリティの取り組みのための三つの異なる企業形態（営利企業、企業財団、社会的企業）を紹介するが、それぞれは、表面的には、異なる宗教的価値観に関係しているように見えるものである。営利企業はその本業において社会的責任を果たすことを目指すが、それはビジネスと倫理の密接な関連を強調するユダヤ教的な価値観に類似している。営利企業が企業財団を通じて社会貢献活動を行うことは、キリスト教の教えに基づく愛と奉仕の精神に反映される。利益を社会的目的のために再投資し、営利追求を副次的とみなす社会的企業は、無私無欲、慈悲、全ての生きとし生けるものへの深い配慮が重視される仏教的な価値観に合致している。

しかし、サステナビリティが、このような宗教的信念の皮相的な解釈を超えて、スピリチュアリティと深く関連付けられるならば、これらの企業形態はサステナビリティの取り組みのピースとして合理的に捉えることができる。さらに、新たな企業組織形態を模索する契機をもたらすことになる。

こうして、本書において展開されるサステナビリティの経済学は、多様な視点を取り入れ、立場や学問の垣根を超えた、未来社会のシステムデザインのための包括的理論を発展させることを目指すものになる。

第2章

ドグマをあばく

1　経済学教育とサステナビリティ

サステナビリティの理念は、経済学の教育現場において積極的に取り入れられなければならない。そのためには、扱うテーマの選び方や説明の仕方をどうするかについて、より多様な視点から判断することが求められる。

経済学の教育は市場至上主義イデオロギーに立脚している。そのため必然的に、市場がもたらす資源配分の経済的な効率性に関する概念が中心的となる。その際に、概念の意味を深く問うかわりに、それらを使った分析が形式論理に偏った仕方で説明される傾向があり、強く懸念される。経済活動が環境、社会、さらには未来世代へ及ぼす影響を真摯に受け止めるサステナビリティの視点に立てば、この傾向を改めて、市場至上主義イデオロギーの背景にある諸前提について明示的に検討し、経済学教育における説明の力点を変えるべきである。

以下において、関連するケースをいくつか紹介しよう。

伝統的な経済学において、GDP(国内総生産)は国民経済の健康と成功の中心的なバロメーターとして扱われてきた。しかしGDPは環境破壊や不平等を十分に扱っておらず、経済成長の質的な高低について捉えきれていない。そのため、ＧＤＰとともに、国民総幸福（ＧＮＨ）や持続可能性指標（ＳＤＩ）といった、環境持続可能性や社会的公平性を含む多様な幸福度指標についても言及されるべきである。経済成長が人々の幸福、健康、教育、環境などの質的側面を反映していない事実は、経済学の教育現場においてきちんと説明され、問題提起されないといけない。

伝統的な経済学の授業において、市場活動が第三者に影響を及ぼす効果、つまり外部性は、市場の失敗の主要因として必ず解説されている。しかしその説明においては、外部性の意味や範囲について、包括的には評価されていない。サステナビリティは、環境への影響や社会的費用を包括的に取り込んで外部性全体を評価し、それを経済主体の意思決定に組み込むことを目指している。外部性と市場の失敗を正しく評価するには、環境や社会的費用をこのように包括的に考慮しなければいけない。また、環境税や環境規制の説明において、市場の効率性をサステナビリティにもっと関連付けるべきだ。環境保護プロジェクトへの投資、再生可能エネルギーへの税制優遇など、環境保全や社会的平等の促進のため、政府には重要な役割を担う必要があることにも言及されたい。加えて、政府がこのような役割を果たすことは決して容易なことではないことについても、きちんと説明されるべきだ。

サステナビリティの時代における消費者は、単に価格情報に反応することで利己的な満足を追求しているのではない。環境や社会的影響に関する情報へのアクセス、エコラベリングや持続可能な製品に関する非価格情報も必要としている。公正取引、環境保護、動物福祉などといった、製品の生産背景にも気を配って、持続可能な商品やサービスを優先的に購入しようとしている。このような消費者行動を促進させるような倫理教育も大切だ。これらについて、経済学の教育現場においても言及されるべきである。

消費者は合理的でない。そのため、行動を通じて実際に表に顕示される消費選択は、本人の本当の福祉レベルを反映していないかもしれない。特に、貧困層が生命や尊厳にかかわる状況に直面している場合には、経済主体が合理的に振舞うとする前提に対して強い疑いを持つべきだ。このことを明示的に扱うべきである。

この変更は、消費者の主権を盾にして、貧困や不平等を個人の選択の責任に転嫁することの危険性を、受講者に意識させ考えさせるために不可欠である。この見解は非常に重要である。なぜならば、この見解について、現状における経済学者の間で価値観を共有しているわけではないからだ。その原因は現状における経済学者の多くがサステナビリティの視点を欠いている傾向があることにつきる。

経済的な不平等についての説明には一層の注意が必要になる。教育現場においては、機会の平等と結果の平等が解説されている。どちらもサステナビリティの理念に欠かせない概念であり、特に機会の平等は今までと同様に強調されるに値する。しかし社会システムが貧富の差を生み出していることを、この二つの平等概念の実践によって(のみ)補われると説明することには問題がある。貧富の差を定常的に生み出しているシステム自体が既にサステナブルでないことを説明し、不平等の本質にもっと迫らなければいけない。

サステナビリティの時代においては、生産者は、その営利活動において、広範の社会的責任が問われる存在になる。株主のみならず、従業員、顧客、コミュニティといった様々なステークホルダーの利害に対して義務を負うことになる。環境に優しい製品の供給や持続可能な生産プロセスの採用についても、社会的責任が求められる。これらについて明示的に説明されるべきである。経営者には、単なる利潤最大化でなく、環境に配慮した製品開発やイノベーション、倫理的な視点からのサプライチェーン管理、社員の福祉への配慮といった、サステナビリティのための経営手腕が問われている。このことをはっきり説明するべきだ。

市場を支配する独占企業、寡占企業には社会的責任が一層求められる。業界を代表して、持続可能なイノベーション環境の標準を設定し、業界全体に広めるなど、広範囲の社会的利益に貢献することが求められる。そのため、独禁法(独占禁止法、競争法)の果たす役割についても説明の修正が必要になる。独禁法は元来市場の健全な競争環境を保つために必要とされてきた。しかし、サステナビリティの取り組みのためには、市場の効率性だけでなく、倫理的視点も注意深く考慮される必要がある。そのため、企業が社会的責任を果たしているかどうかについても、独禁法に組み込まれなければならない。独禁法は、競争制限的な取引慣行を排除して消費者の利益を守るだけでなく、サステナブルなビジネス慣行も積極的に奨励するものになる。このことをきちんと説明しないといけない。

金融市場においては、伝統的に短期的収益を稼ぐ投資活動に重点が置かれ、環境や社会的影響といった、より長期的な効果が無視される傾向にあった。しかしサステナビリティの視点から、長期的で持続可能な投資が奨励されるようになった。例えば、環境的影響、社会的影響を金融商品の評価基準に組み込むＥＳＧ(環境、社会、企業統治)投資が推進されている。これらについて、そしてこれらは決して平坦な道ではないことについて、きちんと言及されるべきである。

市場の効率性や外部性の扱いに関連して、自由貿易についても経済学の教育現場において慎重な説明が求められる。確かに自由貿易は経済成長を促進し国際的な効率性を高める。そして、世界市民に経済社会への参加の自由をもたらす。自由貿易はこのようにサステナビリティに大きく貢献するものである。その一方で、自由貿易には、グローバルな規模での環境破壊や社会的不平等を引き起こす外部性リスクも懸念される。例えば、国際的な漁業の拡大は、海洋生態系に負の影響を与えかねない。国際的な製品移動は、CO_2排出量の増加につながり、気候変動問題を悪化させる。

よって、貿易政策に環境規制などを組み込み、自由貿易が社会的に責任ある方法で行われるようにするべきだ。貿易パートナーに対して持続可能な生産方法の採用を要求し、環境破壊や不公正な労働慣行に対しては罰則を設けたり不買運動（ボイコット）をしたりするなど、グローバルな外部性費用をその原因となる企業の費用便益に内部化するための工夫を模索するべきだ。これらについて言及されるべきである。

さらなる問題は、その工夫の選択を誤ると、国際社会に新たな対立や紛争の火種をもたらすことになりかねない点だ。国際秩序に則った平和的な国際交渉のルールや基準の設定を、慎重に模索していかなければならない。

例えば、自由貿易における市場の失敗の打開策として、サステナビリティの要求水準を満たさない国に対しては個別に関税を課すことによって、経済制裁を行使するという方法を考えてみよう。関税による制裁が抑止力となって、各国はサステナビリティにもっと真剣に取り組むようになるという目論見である。しかしこの方法はできるかぎり避けなければならない。なぜならば、関税による制裁には、相手国の報復行為を引き起こし、貿易戦争へと発展するリスクがあるからだ。また、このような制裁手段の行使は国力にも左右されるものであり、国際的な不平等を助長する恐れもある。関税による経済制裁は、世界平和にとって新たな不安定要因となりかねない。

そのため、環境保護や社会的基準の向上を目指して、多国間での合意形成や国際的な基準をより効果的に設定するなど、関税以外の平和的な方法を模索していくことが検討されなければいけない。このことについてきちんと言及されるべきである。

そのような代替的方法として、農産物や手工芸品などの製品が公正な取引の基準に従って健全な労働環境の下で生産されていることを示すフェアトレード認証、持続可能な森林経営を行っていることを示すFSC認証、漁業が持続可能で環境に配慮した方法で行われていることを示すMSC認証、養殖魚や海産物が環境と社会に対して責任ある方法で生産されていることを示すASC認証など、様々な国際認証制度を普及させ、積極的に活用することが提案されている。国際認証制度によって、消費者は特定の基準や規範に沿った製品やサービスを識別することができる。環境保全、社会的公正、品質保証などの面で優れた実践を行っている企業の製品を優先的に購入することができる。消費者にボイコットされないように、生産者は国際認証の取得を積極的に考慮するようになる。

このような代替的方法によって、自由貿易を制限するというよりはむしろ、自由貿易をより持続的で公正なものにするための仕組みが構築されていくことになる。このような自由貿易のサステナビリティの視点からの変容は、経済学の教育においてきちんと言及されるべきである。

以上は、サステナビリティの時代において、経済学の教育内容を変える必要があることを示唆している。これらは、経済学が依拠する市場至上主義イデオロギーには光と影が存在することを意識的に扱っている。一元的な方法論やアプローチを無批判に全領域に拡大解釈していく作業は推奨されるべきでない。このような自己批判的な教育スタンスは、サステナビリティの経済学にとって不可欠である。このようにして、経済学が本質的には様々な人文社会科学の分野と接点をもった学問であることが再認識される。

経済学の教育や研究にこのような自己批判性が欠けている場合、経済学の研究は、医療、教育、コミュニティ、貧困、格差といった、本来倫理的判断を必要とする領域に土足で入り込むことになる。この場合、経済学のイデオロギーは悪しきドグマと化して、サステナビリティとは正反対の方向に社会を誘導していく。経済学が諸悪の根源になってしまう。以下において、このようなドグマにまつわる仮想的な状況をいくつか紹介していこう。

2　オークションと貧困

財・サービスの売り手は、金銭の支払いを要求することで購入者を誰にするかを選び出す。このような売却方法一般を「オークション（入札、競売）」と呼ぶ。オークションは、財を一番欲しがっている人を探し出して、なるべく高値で売却したい場合に効果的である。

例えば、私は自転車を所有しているが、自転車を使わない人だとしよう。ならば私が自転車を持っていても意味がない。どなたかに譲った方がいい。その時複数名乗りをあげる人が現れた。そこで、オークションを使って、誰に自転車を譲るかを決めることにした。自転車にいくら払う気があるかを入札者（購入希望者）に聞いて、一番高い額を回答した人に自転車を譲るという方式を使うのである。

一番高い額を提示できる人は一番欲しがっている人である。この人が自転車を使えるようになれば、世の中に一番高い付加価値がもたらされることになる。このように、自転車（資源、財・サービス）の配分の良し悪しが金銭によって評価されるとする考え方は余剰と呼ばれ、ミクロ経済学の基礎中の基礎概念になっている。

オークションの利用範囲は広く、マグロのせりから、ネットオークション、さらには検索サイトにおけるネット広告バナーの割り当てに至るまで、多種多様である。グーグルが巨大企業に躍進できたのも、実はオークションをネット広告の割り当て方法に応用したことで膨大な収益を稼いだからに他ならない。

また、携帯電話の黎明期においては、多くの国が、携帯通信事業に必要な電波利用ライセンスを、電波オークションによって携帯業者に売却し、その結果膨大な国庫収入を獲得することができた。この時、オークションによる電波利用ライセンスの高額な値付けを目撃することによって、世界中がその後の携帯通信事業の急速な拡大を初めて確信することができた。

いまや日常でもおなじみになっているオークションについての経済学は、１９８０年代に、ゲーム理論の花形分野として集中的に研究され、今日までに複数のノーベル経済学賞受賞者を輩出している。オークションは原理的には多様な配分問題に適用可能である。しかし、サステナビリティに関連しそうな領域にオークションを適用する際には、倫理的観点から慎重な判断が求められる。

以下のような仮説的な状況を検討しよう。財を一単位売却したい。なるべく高く売りたい。この売却意思をみなに知らせると、二人の購入希望者(入札者)AとBが名乗りをあげた。売り手はオークションによって、どちらの購入希望者にいくらで売却するかを決めることにした。オークションの代表的なルールは「せり上げ方式」である。第三者にせり人の役目をお願いして、入札者AとBに対して1円から徐々に価格をせり上げてもらう。各入札者は、せり人が提示した価格を支払う意思があれば、挙手し続ける。しかし、せり人の価格が購入意思の範囲を超えてせり上がった場合には、直ちに挙手をやめ、せりから退出する。この時、退出せず挙手したままのもう一人の入札者が落札者となり、財を獲得することができる。そしてこの落札者は、落札時点でのせり人の価格を売り手に支払うのである。

せり上げ方式を使うことで、最も財を欲しがっている人が落札者に決まることになる。例えば、入札者Aは財に対して1000円の価値を感じていて、入札者Bは600円の価値を感じているとする。すると、入札者Aが財に対して最も高い評価をしているから、せり上げ方式によって入札者Aに落札されることになる。せり人は徐々に価格をせり上げていくが、600円まではふたりとも挙手したままである。しかし600円を境目に入札者Bはせりから即時退出する。そのため、600円(あるいは601円)で入札者Aに落札されるのである。

どちらの入札者も自身が最大限支払ってもいいとしている金額まではせりで頑張ろうとする。そのため、より高い価値を感じている人に財が落札されるわけだ。せり人の価格提示に対するこのような各入札者の態度は、自身の利己的動機に照らして最適な入札戦略になっている。こうして一番欲しがっている人に財が割り当てられることになり、結果的に最も効率的に財が配分されることになる。

売り手は、この落札結果に対してやや不満を感じるかもしれない。入札者Aは実際には1000円まで支払う意思があったろうに、非落札者Bの都合で600円という低めの落札額に留まってしまったからだ。しかし、売り手は、落札者Aに1000円払う意思があったかどうかまでは事前にわからない。よって、他に支払い意思の高い入札者が現れない限り、この落札価格は妥当だとされなければいけない。せり上げ方式のルールに従って落札価格が600円に決まったというのに、その後売り手が急に売り渋る態度を示すならば、それは約束違反である。

せり上げ以外の入札方式をいろいろ検討しても、せり上げ方式でやれる以上のことはあまり期待できない。もし売り手が落札価格をもっと高めたいのであれば、第3、第4の入札者をさらに募って、もっと大人数で入札者を競わせるしかない。入札者間でせり上げ競争をさせることで勝ち負けが決まり、競争の程度に応じて落札者の支払額の高低が決まる。このようにして、オークションを使うと最も高い評価を持つ人が財を獲得することとなり、同時に経済厚生(余剰)も最大限に高められるのである。

しかし、この説明は、個々の入札者の金銭的な財評価が経済厚生の良し悪しを正しく反映していることを前提としている。もしこの例がサステナビリティに関連する状況を記述する場合には、この前提を疑う必要が出てくる。場合によっては、このような競争至上主義的な説明に正当性がなくなり、オークションの適用に待ったがかかることになる。

先の例のひとつの解釈として、パンデミック時にオークションを行う状況を考えてみよう。売却したい財を衛生マスク一枚とし、これが非常に希少な医療資源だとしよう。入札者Aはすでにマスクを持っているが、裕福であり、もう一枚を1000円で購入する意思がある。一方、入札者Bはマスクを持っておらず、貧困であり、600円までしか支払う意思がないとする。このような場合は、財の配分が個人の生命に影響するため、本人自身による金銭的評価は本当の意味での福祉レベルを反映したものにならない。この状況では、オークションを使わずに、入札者Bに、只か安価で、マスクを割り当てるべきである。

我々は、もうすこし踏み込んで制度の在り方や規制を考えていく必要がある。なぜならば、裕福な入札者Aは貧困な入札者Bからマスクを600円以上で買い取ろうとするからである。

財を割り当てられた入札者Bは依然として、マスクに対する自身の金銭的評価を600円としているとしよう。そのため、このような入札者Aの申し出には素直に応じてしまうだろう。よって、政策当局は、売り手がオークションを使うことを禁じるだけでなく、買い手の転売も禁じなければいけない。つまり、市場を徹底的に遠ざけなければいけない。そうしないと、貧困なBにマスクを使ってもらえない。

同じ例の別の解釈として、今度は財を工場建設の権利であるとしよう。これは、先ほどとは別の角度から、オークションを利用することに理不尽さを感じさせるケースになる。自治体がこの権利を二人の住民のどちらかに売却する状況を考える。入札者Aは古くからの地元民であり、工場の建設には反対している。そのため、1000(万)円を払ってでもこの権利を取得して、他の住民による工場建設を阻止したいと考えている。

一方、入札者Bは工場建設を目的に一時的に地元民になり、自身の建設計画を自治体に説明し、他の住民からの許可を得て建設権を自治体から獲得しようとしている。入札者Bは600(万)円までならばこの権利の取得のために支払ってもいいと考えている。

ここで自治体は、工場の建設を実行するかしないかの判断を、せり上げ式オークションによって決めようと考えた。そしてその結果、建設に反対である入札者Aが建設権を落札することになる。Aは建設権を行使しないので、実際には工場の建設はなされないという結末になる。

しかし、入札者Bの無謀ともいえる建設計画の提案と、自治体の安易なオークションの適用のせいで、本来の地元民である入札者Aは600万円を自治体に納めなければならなくなった。地元民Aはとんだ災難に遭う羽目になったのである。

まともな自治体ならば、入札前に、この入札が社会的公正に照らして正当なものかどうか、よく吟味したであろう。しかしこの自治体は、この建設計画の提案を、自治体の収入増のための口実に利用してしまったのだ。

3　VCGメカニズムと収奪

オークション理論は、少し修正することによって、経済のみならず政治的決定にもその応用範囲を広げることができる。利害関係者に政治的決定に対する金銭的価値を表明させ、政治的決定の可否を余剰概念に関連付けるため、オークションの修正バージョンを使うのである。

例として、今度は自治体が主体となって工場建設を実施する計画を、以下のように考えよう。住民は12名いて、そのうち10名が反対、2名が賛成である。この場合、多数決による投票では工場は建設されないことになる。しかし、賛成に投じた2名が、工場建設の実現のためには各々１１００万円を支払ってもいいと考えているとしよう。一方、他の10名は各々１００万円もらえれば工場の建設を認めてもいいと考えているとしよう。ならば、先ほどの単純な多数決で決めるのをやめて、オークションのように金銭のやり取りをうまく織り交ぜることによって、もっと洗練された新しい投票ルールを考案し、もう一度建設するかしないかの決議をし直した方がいいかもしれない。

ゲーム理論研究においては、オークション理論を拡張して、それを金銭のやり取りを使った政治的決定に応用する研究がかなり進展している。中でも、ＶＣＧ(ヴィクリー・クラーク・グローブス)メカニズムと呼ばれるルールがよく知られている。

ＶＣＧメカニズムは、全ての参加者が利己的で、戦略的に投票行動を決めようとしている状況に適切に対処したい場合には、唯一無二の最もすぐれたルールになると評価されている。ＶＣＧメカニズムの下では、どのような配分や投票の問題であろうとも、利己的な参加者に対して、正直に金銭的価値の表明や投票をさせるインセンティブが厳格に提供されることが証明されている。しかもこのような厳格なインセンティブが引き出されるためには、ＶＣＧメカニズムを採用することが唯一無二の方法になることも証明されている。

したがって、このオークション理論の拡張研究の成果を理由に、自治体による工場建設の例においても、VCGメカニズムを適用することが推奨されることになる。

各住民(参加者)に、自治体による工場建設に賛成か反対かを意思表示させる。この時同時に、建設される場合に生じる私的な損害額(あるいは私的な便益のマイナス額)も表明させるのである。表明された損害額の総和が0円未満の時、その時のみ、工場の建設が可決される。0円以上であれば、工場建設によって発生する総余剰がマイナスになることから、建設は実行されないとする。

住民がみな正直に表明するならば、このケースにおいては損害額の総和が(100×10)−(2×1100)=−1200万円、つまり0円未満になるため工場は建設されることになる。10名の住民は、工場が建設されるため、各々100万円の被害を受けることになる。

留意するべきは、建設に反対していた地元民はこのように被害を受けることになるけれども、建設に賛成した2名の住民からは何の補償ももらえない点である。さらには自治体からも何ら補償を受けられないのである。実はこのことが、唯一無二とされるVCGメカニズムの設計上の重要な特徴になっている。

その理由は、もし補償を受けられるとすると、建設に反対する住民は嘘をついて被害額を実際よりも高く表明するインセンティブが生じてしまうからだ。このような不正直な表明が起こらないようにする唯一の方法が、決定に不服な住民に対して一切補償をしてはいけないというルール設計であり、これがＶＣＧメカニズムを唯一無二たらしめているのである。

ＶＣＧメカニズムでは、建設に賛成する住民についても、正直に表明するインセンティブが、以下のように提供されることになる。仮に建設に賛成する住民2名のうち1名が不在であったとしよう。その場合でも、総額が負の値(１００×10)－(1×１１００)＝－１００万円であることから、やはり建設は可決されることになる。つまり建設に賛成する住民が一人抜けても建設の可否には影響を与えない。この場合には、自治体は建設に賛成する住民に一切金銭の支払いを要求してはいけないのである。これが建設に賛成する住民にも正直に表明させる唯一の方法であり、ＶＣＧメカニズムの特筆するべきもうひとつの特徴になっている。

このようなＶＣＧメカニズムの支払いや補償に関する特徴は、せり上げ入札ととても共通している。入札者が支払う金額は、自身がいなかった場合に他の入札者に発生したはずの価値に相当している。一方、落札できなかった入札者には、その人がいてもいなくても誰が落札するかに影響はないので、支払い義務は何ら発生しない。この論理こそが正直に表明させるインセンティブの根本原理になるのである。そして、この根本原理を一般化することによって、ＶＣ

Gメカニズムが考案されたのである。

この例では、賛成する住民の一人がいなくても建設の可否には影響がない。そのため、賛成派の住民二人には支払い請求は一切発生しないのである。

このような唯一無二とされるVCGメカニズムが使われると、以下に示されるような腹黒い画策が思いをよぎることになる。元々の地元民は建設に反対である10名だったとしよう。ここにもう一人建設目的のため新しい住民がやってきた。この段階で建設計画を持ち出すと、自治体による工場建設案は可決されるものの、新しい住民は自治体に対して、建設否決から建設可決に転じたことによる損失額1000×10＝1000万円を支払わなければならない。

そこで、この支払いをしたくないため、もう一人建設に賛成してくれる人を探してきて住民になってもらうのだ。そして改めてVCGメカニズムを使って建設の可否をやり直したとすると、もはや支払い義務は発生しなくなるのである。こうして、工場建設の採択を無償で勝ち取ることができる。

もし元々の住民が貧困層であった場合はどうだろう。たとえ建設が地域の経済厚生の総和を高めるとしても、社会公正上このままでは望ましくない。なぜなら、地元住民には何ら補償はなく、自治体にも一切収入が入らないからだ。このように、オークションやVCGメカニズムの適用の際には、社会公正の観点から、とりわけ慎重な扱いが必要になってくる。

投票や入札の前には、ステークホルダー(全住民)がきちんとコミュニケーションを取り合って、全住民の基本的な権利を脅かすことのない建築計画だけを考慮の対象とする努力が不可欠になる。工場の建設という、本来は地域の活性化に貢献すると期待されるプロジェクトを、気持ちよく実現できるように工夫する努力がとても大切なのだ。そうすることで、元々建設を支持する人も、そうでない人も、よりサステナブルなよい計画案に意見を収束させることができるかもしれない。

4　反ドグマ的ドグマ

前の節では、オークションを無思慮に使うことは禁物であることが説明された。しかしこれを曲解すると、オークションは元来悪いものであって、不公平を助長するから、少しでも疑わしい場合にはその利用を遠ざけなければならないとする立場、いわば「反ドグマ的ドグマ」に陥りかねないので注意が必要だ。オークションや競争原理がサステナビリティの視点からも有用であることは既に本書において指摘されていることだが、念を押す意味も込めて、以下の例を検討しよう。

ある自治体が公的資金100億円を投じて半年間のイベントを企画した。地域活性化を理由に地元業者に100億円の施設建設を依頼した。このイベントによる自治体収入は50億円である。また地元業者はイベント後の施設再利用権をも同時に獲得しており、イベント後にも90億円の事業収入を獲得できると公表している。したがってイベントによる地域の総便益は50＋90－100＝40億円と予想される。

地元外の業者に施設の再利用権を与えた場合は、イベント後の事業収入は60億円になると推定された。この場合、地域内外にもたらされる総便益は50＋60－100＝10億円、地域内だけだと50＋0－100＝－50億円であるから、いずれにせよ40億円には遠く及ばないと説明された。

この説明にはたくさんの死角がある。地元外の業者が施設を再利用した場合でも地域に雇用創出というメリットが発生することにはかわりない。よって、地元業者が地域活性化に与える貢献を自治体が過大評価している疑いがある。

施設利用による事業収入の査定がどのような根拠に基づいてなされたのかあいまいなため、間違っている可能性がある。地元業者が主張する90億円は実は間違いで実際には60億円であり、地元外の業者の推定値60億円が本当は90億円なのかもしれない。

このような疑いは、地元業者と地元外業者をオークションによって競わせることに、れることになる。オークションが透明性、民主性、公平性が保たれた仕方で正常に行われらば、一番収益が見込まれる業者に再利用権が落札されることになるからだ。オークションをやらないことには収益性に関する正しい有用情報を獲得することはまず無理である。このような情報機能はオークションや市場競争のもつ最大の強みであり、サステナビリティに大いに貢献してくれよう。第１章10節におけるハイエクの指摘はこのことを意味している。

仮に、オークションをやらなくても地元業者の収益性の方が高いことが明らかである場合にはどうだろうか。それでもオークションをやらないといけないのだ。例えば、せり上げオークションをやれば、90億円を見込んでいる地元業者が再利用権を落札することになる。この時、地元業者は落札価格として60億円を自治体に支払うことになる。よって、自治体のネットの公的支出である１００−50＝50億円をオークション収入60億円で埋め合わせることができ、しかも10億円分自治体収入も増えることになる。この10億円は地元業者以外の地域住民に等しく分配される。こうして初めて地域住民はイベントの成功を地元業者とともに気持ちよく喜ぶことができる。

オークションが行われないと、地域住民が地元業者の食い物にされる構図が出来上がる。これは自治体が地域住民の利権を保護しなかった帰結である。知らぬ存ぜぬでは済まされまい。なぜかというと、このような構図は概して意図的に、巧妙に作られるからだ。オークションを行わず、全体的に不透明な手続きを地域住民が見て見ぬふりをしていれば、自治体の一部の関係者が地域住民の利権を搾取するため、地域活性化やサステナビリティといった耳当たりの良い宣言を悪事の隠れ蓑に利用するのだ。

5　プログラム化と自律性

医療、教育、居住といったサステナビリティに直接的に関係する問題においては、競争原理の導入に一層慎重さが求められる。この場合には、金銭を交換手段に使うことを控えるなどの対応策も考えられよう。しかし、この対応策は表面的過ぎてあまり意味がない。むしろ金銭的授受は良い配分を導くための重要なピースになりうる。それに、たとえ金銭的授受を排除としても、悪しきドグマ性の余地は十分残されており、慎重さが求められることに変い。

マッチング・マーケットデザインと称されるゲーム理論の研究分野は、オークション理論以上に長い歴史をもっている。それは、金銭的授受を排した上で競争的な配分決定の仕組みを実装するための理論的フレームワークとされている。ただし、サステナビリティの取り組みにこのマッチング理論がどのように適応されるかについては、未だ発展途上の段階にある。マッチング理論の基本理念と倫理的観点との整合性が適切に加味される研究は、今後の進展に託されている。このような研究課題は、サステナビリティの大義の実践を考える上で本質的な意味を持つ。

マッチング理論は、金銭の授受を伴わないプロトコル（社会的決定ルール）を設計して、そのプロトコルに従って自動的に配分が決定される方法を開発する分野である。近年はゲーム理論とコンピューターサイエンスの学際領域に進化している。このプロトコルの設計方針において長年中心的な役割を果たしてきたのが「安定性概念」である。問題は、安定性概念とサステナビリティの間で齟齬が生じる可能性があることだ。

例を使って説明しよう。4名の経済主体A、B、C、Dがいて、AとBが、CとDとどのようにマッチするかを検討しよう。AとB同士、およびCとD同士はマッチできないと仮定する。そして、Aは、DよりもCとマッチすることを望み、Bも、DよりもCとマッチすることを望んでいるとしよう。一方、Cは、AよりもBとマッチすることを望み、Dも、AよりもBとマッチすることを望んでいるとしよう。つまり、BとCは人気者で、AとDはそうでないと仮定する。

今経済主体Aは強い決定権を持っていて、経済主体AがCかDかを選択する権利を持っているとしよう。そしてこのAの決定に対しては誰も拒否できないとしよう。ならば、AはCを選ぶことになるので、(A、C)および(B、D)というマッチングが成立することになる。

この場合、CはBとマッチすることを望んでいたため、マッチ(A、C)を不服に感じているだろう。この時もしCがBにすり寄って、CとBという人気者同士が「駆け落ち」をして、ペアを新たに組もうとしたならばどうだろう。BもCとマッチしたがっていたので、この駆け落ちは、Aの邪魔が入らない限り成立してもおかしくない。

このような駆け落ちのチャンスは、マッチング・マーケットデザインにおいてプロトコルを設計する際に、特に優先されている。このように相思相愛に基づく駆け落ちの可能性があるならば、マッチングを変更してでもその駆け落ちを成就させようというのが基本方針とされる。そのため目指すべきは、このような駆け落ちがもはや起こる余地がないという意味で「安定な」マッチングを成立させるということになる。

先ほどの例では(A、C)と(B、D)というマッチングは安定ではない。しかし、駆け落ち後の(A、D)と(B、C)というマッチングならば、それは安定であり、推奨されることになる。

このような安定性第一のスタンスでは、様々なマッチング問題において常に安定マッチングが成立するようにプロトコルが設計されることが望ましいと考えられる。その代表的なプロトコルが、DA(受入保留式)アルゴリズムである。

DAアルゴリズムは、駆け落ちの余地があるとマッチングが刷新され、それを繰り返して、もはや駆け落ちの余地がなくなった状態のマッチングを最終確定とするプロトコルのことである。注意するべきは、この駆け落ちと刷新のプロセスは、実際に当事者の判断で行われているのではないことである。最初に、誰とマッチしたいかについての順位表をアプリに入力させる。入力後、自動的にこのプロセスが作動して、マッチングが最終確定されるのである。

DAアルゴリズムによって自動的に行われるこの駆け落ちプロセスは、実際に経済主体が行う行動パターンを模したものではない。またこのプロセスは特段倫理的な意味もない。効率性達成のための必須要件というわけでもない。言うならば、競争原理のある一側面を切り取って表現したものにすぎない。

心配するべきは、このような安定性に固執すると、市場至上主義イデオロギーを超えて、その悪しきドグマ性に陥る恐れがあることである。言い換えると、サステナビリティの時代において、市民の本質的な意味での「自律性」を損なう恐れがあるということだ。

DAアルゴリズムにしたがうと、駆け落ちの連鎖によって、(A、D)と(B、C)というマッチングが成立する。つまり、人気者同士のペアと不人気者同士のペアが誕生する。この問題をより具体的な例として解釈して、以下のように考えてみよう。つまり、二つの空き部屋があって、二人で一部屋に住むように部屋割りを決める問題と解釈して、再検討してみるのである。

まずはDAアルゴリズムを使わずに、四人で相談して部屋割りを決めるとしよう。この場合には、彼らはこの部屋割り問題の解決の経緯に深くコミットしていくことになる。その結果、彼らは、BとCには障がいがあり、人の助けを日常的に必要としていることに気付いたとしよう。この場合には、Cが元々不満を感じていたはずのマッチング(A、C)と(B、D)が、Cを含めた全員に支持されることになるかもしれない。

当初CはBとペアを組みたかった。そしてこの申し出はBに支持されることもわかった。しかしこのような自己中心的な決定がコミュニティにおける不幸の火種になることを、CもBも理解したのである。つまり障がいのある人たちとそうでない人たちの間での階層化を助長することを理解したのである。これは競争社会が生み出す病理を象徴する現象である。そこで、そうならないように、私欲を超えて、二人は社会的責任を果たしたのである。このことは、サステナビリティの理念の本質の一端を示すものになる。

確かにマーケットデザインは、医療分野の臓器移植の制度設計などに見られるように、非金銭的な市場化を使って、緊急性や互換性などの倫理的配慮を取り込むための有用な試みを提供してきた分野である。しかしマーケットデザインは、市場競争に関連する原理や特定の理論が柔軟性、倫理性、社会性に欠けている場合には、ドグマと見なされる。

一方、サステナビリティは、単なる効率性や利益追求だけでなく、社会的責任や倫理的目標の達成を強く求める。そのため、競争原理やその派生系にのみ依存するようなアプローチは、社会的なニーズや倫理的な要求を十分反映していないと見なされる。社会実装のための実学と称して競争原理の適用のみを追求するアプローチは、実際の社会的複雑性や多様な価値観を見落としかねないので、注意がとても必要だ。

この問題点の核心にある懸念は、マーケットデザインにおけるプロトコルの自動化という実装の仕方自体に、潜在的に市民の自律性への悪影響が潜んでいる点にある。先ほどの例では、自動化を使わないことにより、駆け落ちを実践していくステップにおいて、経済主体自らが待ったをかけ、自己中心的な態度を改める機会が提供された。しかし、このステップが自動化されると、このような社会的責任を果たすよい機会を失うことになる。

障がいがあることで別の問題が生じていることに人々が気付いた時点ではもう後の祭りである。AもCも、解決済みの部屋割り問題に対して深く関与する気持ちはもはや失せている。このことは、サステナビリティに意識的に取り組むことを妨害する。AとCの自由な自己実現に向けての自律性を脅かしている。

このような意味での自律性は、サステナビリティの大義、SDGsの目標の達成にとって不可欠である。自律性は、倫理的な判断と責任ある行動を促し、個人や組織の信頼や社会的責任の全うに欠かすことができない。しかし、プロトコルの全面的な自動化は、人々がこのように積極的な選択に従事することを妨げてしまう。

このような自律性の欠如は、行動経済学における「ナッジ(Nudge)」、あるいはノーベル経済学賞を受賞した行動経済学者リチャード・セイラーなどによって提唱されている「リバタリアン・パターナリズム」という政策手段についても注意されている。ナッジは人々の選択を外から方向づけることで、より健康的、経済的、環境的に望ましい行動を自ら促進させようとする。しかし広範に採用された公共のナッジでは、選択が外部組織にアウトソーシングされる状態になる。このことが個人の自律性の侵害と低下に繋がるのだ。一方で、サステナビリティの大義は、ナッジとうまく結合すれば、より強力な影響力を発揮することも期待できる。例えば、環境にやさしいライフスタイルを促進することはサステナビリティの大義に該当し、環境ナッジを用いてこの大義を実現しやすくできる。理想的なナッジの政策利用に倣って前向きに考えるならば、マーケットデザインの適切な自動化がサステナビリティの大義を積極的に支援できるようになるかもしれない。

6 トリアージと生産性

経済においては、経済主体の生産性の高さがとても重視される。生産性の高い人は自身が経済的富を得ることになるが、同時にGDPにも大きく貢献するため、必然的に社会に尊重される傾向にある。しかし医療においては、患者の福祉と公平性が最優先され、このような生産性の論理は退けられなければいけない。このことは特にトリアージにおいて意識される必要がある。

トリアージとは、医療資源が限られている状況下で、医療資源を必要とする人々の間で優先順位を決定するための倫理的プロセスのことである。緊急医療や災害医療の現場においては、

ＩＣＵ（集中治療室）のベッドや人工呼吸器のような医療機器や専門医療従事者といった医療資源が不足しがちになる。そのため限られた医療資源を最も必要としている患者に効率的に配分することが求められる。

これは一見したところ、希少な資源を効率的に配分することを目的とする経済学の応用問題のように受け止められるかもしれない。しかし、そうではなく、慎重な区別が必要だ。ここでの効率的配分とは、患者の生産性や医療資源に対する金銭的支払い意思の高さといった経済的な意味での効率のことではない。そうではなく、患者の重症度や治療の緊急性などを総合的に評価して、治療の優先順位を医学的、倫理的に、混乱することなく決定することを意味するのである。

希少な医療資源は、数が足りないからといって、一人当たりの割り当てのサイズを縮小することができない。あるいはそうすると効果がなくなる、という性質を持っている。よって、誰を優先し、誰を後回しにするかという、命の重みを比較する判断を社会に強いることが避けられない。

このことに関連して、コモンズの悲劇を最初に提唱した生態学者ハーディンは、コモンズの悲劇を解決することはできないことを前提として、枯渇が避けられない希少資源をいかに配分するべきかを、「救命ボートの倫理」という寓話を使って説明しようとした。

海上で大きな災害があり、50人乗りの救命ボート一艘のみが利用でき、すでに満席である。しかし100名の被災者が助けを求めている。この場合、100名をも救助しようとして150名全員が命を失ってもいいとするか、優先順位を定めて幾人かにはボートから降りてもらうか、あるいは100名を見捨てるべきかといった究極の選択を迫られることになる。これはトリアージの問題とそっくりである。

ハーディンの選択は、「早い者勝ち」の論理を優先することだった。つまり、すでにボートに乗っている50名を優先し、100名を見捨てよというものだ。この寓話をもとにして、ハーディンは、解決困難な環境問題においては、先進国を優先し、開発途上国を見捨てることはやむを得ないと説明した。救命ボートにいる50名を先進国、海上にいる100名を途上国に見立てたのである。

先にボートに乗れるような人は生産性の高い人であり、力関係において残りの100名に勝っている。つまり、緊急事態においては、生産性や社会的地位が優先されることが倫理的にも許されるというわけだ。

このようなハーディンの説明は、サステナビリティの精神からかけ離れていることは言うまでもない。しかし少なくともSDGs以前は、このような説明の仕方は先進国の間で一定のコンセンサスがあった。例えば、18世紀後半の経済学者トマス・ロバート・マルサスは、人口増加による食料不足によって飢餓が発生する事態になった場合、開発途上国を支援するべきでないとした。この見解は当時の主要な(先進国の)経済学者の間で広く支持を得ていたのである。

一方、トリアージは、このような生産性や力の論理の安易な適用を厳格に排除して、社会的に認められた倫理的判断とその実践の仕方を事前に確立しておくアプローチになる。

社会全体は、全てのステークホルダーの意向を考慮しつつも、優先順位の判断と実践を医療従事者に事実上託している。医者は、一般的な医療活動において、患者の最善の利益を考慮し、患者に対して高度な忠実義務を負っている。患者は自分の生命を医者に託しており、医者は患者に対して、適切な治療を提供すること、患者の秘密を守ること、患者の同意なしに治療を行わないことといった、単なる契約的な関係の履行を超えた責任(フィデューシャリー・デューティ)を負っている。トリアージにおいても、このような医者の忠実義務が原理的に拡張されると考えられる。

ただしトリアージでの医療関係者の忠実義務は、通常の医療提供とは異なる特別な状況を反映している。トリアージの文脈では、この責任は、できるだけ多くの命を社会的に救うという広範な目標に焦点を合わせている。そのため、ガイドラインと倫理教育を基礎として、医療関係者は、まずは患者の状態を迅速に評価し、治療の緊急性を判断する。トリアージの基準に基づき、患者ごとに評価値を決定する。これには、患者の生存可能性、治療後の生活の質、治療の緊急性など、複数の医学的、倫理的要素が考慮される。評価値に基づいて、患者に優先順位を割り当てる。そして、より高い評価値を持つ患者が優先的に治療を受けることになる。このプロセスが、公平性、透明性、倫理的原則などを保ちながら行われる。

軸になる基本理念は医者と患者の個別的な関係と同じであり、それは「患者中心の」医療奉仕ということだ。しかし、トリアージの決定は、しばしば困難な倫理的問題を提起することになる。トリアージのプロセスは、患者一人ひとりに対する個別の治療の決定を超えて、公平性、効率性、および最大限の利益を追求するという、より広い社会的視野からのアプローチを必要とするからだ。よって、トリアージのプロセスが持続可能であるためには、医療提供者と社会全体との信頼関係が非常に大事になる。特に複数の倫理的基準を統合して一つの評価値にまとめるルールの設定とその実践は、医療関係者に対する社会的信頼によって支えられる重責になる。

しかし、医療関係者の裁量性に対して懐疑的で、医療システム全体への信頼が低いような社会においては、医者の患者に対する忠実義務がトリアージに対しても拡張される程度は低くなる。最悪の事態としては、トリアージのプロセス自体が、倫理性、整合性、柔軟性を欠いたルールに置き換えられる恐れもあり、注意が必要になる。

このことをより深く理解するため、以下のような仮想的な社会を考えてみよう。それは社会的公正に比べて生産性が重視される、非人間的な社会である。つまり、市民の中に、医療関係者が生産性を考慮しないことを不服に感じ、複雑で多様な倫理的基準を一つの評価値にまとめ優先順位の基礎にするといった、トリアージの通常のステップ自体を認めたがらない人たちがいると仮定しよう。この場合、トリアージにおける優先順位の決定の基盤は、以下のように、人間(患者)中心から基準中心にとって代わることになる。

話を単純化して、二つの基準、基準A(基礎疾患の重篤度)と基準B(社会的影響度)が患者の優先順位付けに関係しているとしよう。本来のトリアージであれば、基準Aを数値で評価し、基準Bも数値で評価し、二つの評価を一つの数値に変換する何らかの関数が総合評価の決定方法として設定されているはずだ。その場合には、患者の基準Aと基準Bの値を調べて、患者の総合評価値を割り出し、総合評価値の高い人から順番に希少な医療資源を割り当てることになる。

しかし今やこの集計のプロセスは社会的に承認されなくなったとしよう。この場合、トリアージの設定の仕方自体に不満があるだけならば、医療関係者は他のステークホルダーとともにトリアージのルールを改めて検討し直せばよい。しかし、非人間的な社会のケースは、そもそも倫理的な判断自体に対する挑戦を意味している。そのため、残された代替案としては、複数の基準を統合せず、あくまでも基準間での優劣関係に従って患者に希少医療資源を割り当てる、非倫理的な方法をとることが考えられる。

例えば、まず基準Aにおいて一番高いランクの患者に医療資源が割り当てられる。次は基準Bにおいて一番高いランクの患者に割り当てられる。その次はまた基準Aにもどって残りの患者の中で一番高いランクの患者に割り当てられる、といった具合に、患者の優先順位が決められていくのである。この仕方は、個別の患者についての柔軟な倫理的判断を必要としないという点において、医療関係者の倫理的負担を軽くしているといえよう。しかし、このような基準中心のルールに変更すると、以下のように不都合な事態が生じてしまう。

今医療資源が一つしかなく、ある患者が基準Aを根拠にこの資源を獲得できる状況にあるとしよう。しかしここで急にもう一人患者があらわれ、同じ基準Aに照らしてより重篤であったとしよう。ならば必然的に最初の患者は医療資源をもらえなくなる。しかし、この時同時に、もう一つ医療資源が追加的に提供されたとしよう。ならば、新しい患者は新しく提供された医療資源をもらえば、混乱なく医療資源を割り当てることができそうに思われる。

しかし実はこの場合でも、最初の患者は医療資源を取り上げられ、割り当ててもらえなくなるのだ。なぜならば、二つ目の医療資源は、今度は基準Bに照らして高いランクの患者に割り当てられなければならないからだ。つまり最初の患者は、患者一人が追加され医療資源も同時に一つ追加された状況においても、もはや基準Aには該当しないという理由によって、このような惨《むご》い扱いを受けることになる。これは患者中心から基準中心にトリアージのプロセスが変更されたことが原因で生じている。

最初の患者は新しい患者が優先されることについては、倫理的に容認できよう。しかし、追加された医療資源が自身に提供されないことについては容認できないだろう。このような混乱が生じないようにするため、やはり医者のフィデューシャリーの重要性を社会が再認識してくれるようになればそれに越したことはない。しかし、もしそうでない場合には、今後このような混乱の発生を回避するため、さらにより非人間的なルールに変更されることになる。それは、基準そのものの適用自体に優先順位をつけるというやり方である。

つまり、まず基準Aに該当する患者全員に優先権が与えられる。基準Aに該当する患者に配り終わった後で、ようやく基準Bにお鉢が回ってくるとするのである。これならば、新しい患者がやってきても、同時に同数の医療資源が追加されれば、元の患者から医療資源を取り上げるような混乱は起こらないことになる。

しかしながら、このような基準間の優劣は、倫理的、医療的判断の問題とはもはやみなすことはできない。では、基準間の優劣がどのように決まるのかというと、それは医療関係者の手を離れて、何らかの別の、非倫理的な判断にゆだねられることになる。最悪の場合、生産性という基準がトップランクになり、経済的、社会的地位に応じて患者が救済されることが、社会的に容認せざるを得なくなるかもしれない。

このようなシナリオは笑い話にしか聞こえないかもしれないが、基準中心の希少資源割り当ては実際に提案されている。もし社会にサステナビリティの大義が欠落している場合には、このようなかなしいシナリオは絵空ごとでなくなる。

7　介護問題とサステナビリティ

人間の生命や尊厳にかかわる問題に市場原理を無思慮に導入するべきではない。ではどのようにしてそのような問題が解決されればいいのか。例えば、政府による公的介入によって解決するのがいいのか。

この節において、サステナビリティやSDGsの目標に沿った解決方法の基本方針について、介護問題を例にとって説明しよう。そして、市場も、公的介入も、市場と公的介入のパートナーシップ(PPP)も、どれも十分ではなく、広範のステークホルダーの対話と協力によって、社会全体でコーディネーションを確立していくことが重要になることを説明しよう。

日本をはじめ多くの国において、介護サービスの持続可能性に懸念が持たれている。少子高齢化に影響されて、高齢者向けの介護士の供給が不足している。にもかかわらず、介護士の労働環境は悪く、賃金も低い。さらには、職業的に低い社会的地位に甘んじている。現状において、介護労働は差別や不平等の温床のようになっている。

介護士の仕事は「ケアの倫理」に下支えされることが求められる。ケアの倫理とは、ケアをする人とケアを受ける人の間に人間的なつながりを深めることを尊重する全人的なアプローチのことだ。利他的な、自己犠牲的な他者への奉仕の精神とは区別される。しかし実際には、その労働条件の悪さゆえ、誠実な介護士が燃え尽きてしまうような状況にあり、深刻な社会問題になっている。

介護サービスは、全ての国民に平等に提供されなければいけない。これはSDGsの諸目標に合致した「誰一人取り残さない」基本方針である。(介護問題に直接関係のありそうな目標は3、5、8、10、17などだろう。) この平等性の確保のため、政府は介護士の賃金や労働環境を規制し、結果的に低賃金と劣悪な労働環境に甘んじざるを得なくなっている。

では、介護サービスをビジネスとして市場化して、介護士の賃金を市場均衡賃金に近づけることを、もっとしてみてはどうか。この市場化により、介護サービスの多様化や効率化、さらには技術革新も進み、介護問題のかなりの部分が解決されそうに思われる。しかしよく考えるとそうではないのだ。

市場の競争原理に則って、純粋に営利目的の企業は、介護サービスの改善と差別化によって、主に高所得者層をターゲットとした事業展開を進めるだろう。その結果、介護を必要とするが支払い能力のない低所得者はこの市場から締め出されることになる。こうして、市場一辺倒のアプローチでは、SDGsの諸目標に反して、不平等と貧困をかえって助長することになる。一部の介護士は良い労働環境と十分な賃金を獲得できるようになるかもしれない。しかし、低所得者をターゲットとした社会的福祉事業としての介護サービスの質、介護士の賃金、介護士の労働環境は、むしろ悪化の一途をたどることになりかねない。

ならば市場化と併用して、低所得者層向けには公的介入をして高い政策賃金と労働環境の改善を図ったらどうだろうか。さらには民間事業者とパートナーシップを形成して、新しい技術革新を低所得者層にも導入してみてはどうか。しかしこのプランには死角がある。それは国民の支持を得られないかもしれないということだ。つまり、このような介護制度改革のために、高い税金を支払いたくないとして、このプランが却下されるということだ。

このような国民の不支持には複雑な要素が絡んでいる。一つは国民の無理解である。介護サービスの充実は自身にとっても一生涯の満足を高めるものだ。しかし兎角この意識が薄い傾向にある。また介護サービスの充実には、受給者の便益のみならず社会全体の質をも改善する正の外部性がある。介護制度の失敗は、家庭介護者のストレスや健康悪化、介護負担のために生じる労働供給不足、社会的孤立や連帯の欠如などといった、大きな社会的費用をも誘発しているのである。しかし多くの国民はこのことに気付いていない。

日本においては、介護は個人や家族の問題であり、社会的な問題という意識を受け入れようとしない偏見もあるとされている。国民が社会に対してよい介護サービスを提供してくれることを期待しないという思考習慣は、この偏見によっても下支えされている。

政府が長年介護制度改革を、他の政策課題と比較して低い優先度に留めてきたことも一因かもしれない。さらには、国民や様々なステークホルダーの間で目標や利害が一致していない、むしろ対立している状況も関係していそうだ。広範囲の国民の支持がない以上、政府は具体的に介護制度改革の優先度を上げようとはしたくないだろう。

また、国民は、政府が単に優先度を上げただけでは、政府に対する期待を高めるまでに至らない。国民は、介護制度改革が重要であることを理解していたとしても、そもそも政府に期待していないならば、それだけでは現状を変えていく力になっていかない。国民、政府、様々なステークホルダーの間で、ボタンの掛け違いのような状況に陥っているのだ。このようにどんどん悲観的に考えていくならば、サステナブルでない介護サービスの現状には合点がいってしまう。

SDGsは全市民に向けてサステナビリティの大義を呼び掛けている。しかし個々人の大義はうまく実行されず、個人の大義の単純和では状況打開に至らない。特に介護問題においては、笛吹けど踊らず、である。

次章において展開される新しい資本主義は、「どのような問題でもあきらめない」精神に基づいた、進化的でダイナミックなシステム構想になる。そしてこの精神は、情報通信技術の発展と普及にも強く後押しされることになる。では介護問題の解決における主役は誰になるのかというと、それは個人でもコミュニティでも政府でもない。これから市場の波に揉まれようとしている、先ほどまでは悪いイメージが先行していた、高所得者向け介護ビジネスを手掛ける起業家（アントレプレナー）なのである。

ただし、これから説明される起業家はビジネス・アントレプレナーではなく、「社会的アントレプレナー」のことである。それは、サステナビリティの大義を掲げ、営利企業を組織し、その社会的責任の具体的なビジョンと計画を自社のホームページに掲載し、その進捗状況を収益とともに随時公開し、あくまでビジネス活動を通じて収益を稼ぎつつ、自らの大義、自身に課せられた社会的責任を果たそうとする、血気盛んなチャレンジャーである。

社会的アントレプレナーは、サービスを高所得者向けだけに全面的に特化するのではなく、低所得者層にも広く平等に提供する。介護士の労働環境や賃金を改善する。イノベーションを促進する。新しい技術革新を低所得者向けのサービスにも適用する。地域コミュニティや自治体とのパートナーシップを強化する。このように、短期的な利益ではなく、長期的、持続的なメリットを広く社会にアピールして、社会的責任を具体的に果たそうとするのである。

では、はたして実際の高所得者層は、営利追求に徹した介護サービス業者ではなく、このように社会的責任を果たすアピールをする企業に魅力を感じてくれるだろうか。本書は、そのような高齢者層が、全員とは言わないが、ある程度存在することを仮定する。この場合には、社会的アントレプレナーはすぐには倒産せずに、よいスタートアップを切ることができよう。

ここからは多様なステークホルダーが段階的に関与していく。まず投資家は、サステナビリティを目指すこのような企業に積極的に出資することを考えるようになる。介護サービス業界においてサステナブルな経営をする企業に対して、魅力を感じる投資家が増えていく。同時に、第三者機関は、企業の非財務情報を評価し、企業がサステナブルな経営をしているかどうかを指標化して、サステナビリティに関心のある投資家にわかりやすい判断材料を提供するようになる。

介護士は、このような企業の大義に共感し、従業員として協力するとともに、自身の大義の内容も変化させていくことになる。つまり、心のつながりを大切にするケアの倫理をより深めて、高度な技術や専門性を発揮するプロフェッショナルを追究するようになる。介護士は自己イメージも大事にし、「私のしている仕事は大変だけれどもやりがいのある大事な仕事であり、多くの人に勧められる」ことを、介護サービスに不可欠な倫理性であると捉えて、社会的偏見の是正に意識的に取り組むようになる。介護サービス業者はこのような従業員の大義の変容を積極的に支援していかなければいけない。「救済者に救済を（ワグナー「パルジファル」最後のセリフ）！　介護士にケアを！」というわけだ。こうして、経済的動機や法的義務だけでは捉えきれない多様で多面的な倫理性に支えられながら、介護サービスは成長していくことになる。

事業が軌道に乗ってくると、自治体や地域の支援をもっと受けられるようになる。営利目的の高所得者向け介護サービスであれば、このような支援を受けることはできないはずだ。地域住民からの信頼、さらには全国民からの広範の信頼を獲得できるようになる。こうして国民の介護問題に対する理解と関心が高まり、介護士に対する職業的な地位改善も期待できるようになってくる。

ここに到達するまでの道のりは既に平坦ではない。しかしこれでもまだ、当初の社会的アントレプレナーシップが持続可能になったとまでは言い切れない。

そこでようやく政府の登場である。政府は介護制度改革の優先度を上げることに国民の支持が得られると判断するようになる。そしてようやく介護サービス業への支援を具体的に進めることができるようになる。この段階に至って、サステナブルな介護を目指す社会的アントレプレナーの大義は、ようやくビジネスとして持続可能になる。

こんな介護問題のラフなシナリオを参考にして、次章においては、新しい資本主義の構想を詳しく解説しよう。読者は介護問題解決のためのこの仮説的アプローチが、一般的なサステナビリティのケースにも拡張されることを見ることになるだろう。

第3章

新しい資本主義

1　大義のプラットフォーム

資本主義的なシステムはどのようにして、どの程度サステナビリティに貢献することができるか。この問いに答えるため、「新しい資本主義」というシステム構想を提案する。これは、生産者、消費者、投資家などといった全ての立場において、世界市民が、私的利益の追求だけでなく、倫理的動機に基づいた経済行動を積極的に行うように、社会システムや経済システムを変革していくことを意図している。

例えば、消費者は問題のある企業から製品を購入しない。労働者は問題のある企業に就職しない。投資家は問題のある企業の株を買わない。市民は問題のある企業に異議を唱える。このように様々な活動を通じて、全市民がサステナビリティに貢献することが奨励される。

特に重要になるのは、ボイコットや非難の対象になりがちな企業組織そのものが、実はサステナビリティに積極的に貢献する高い潜在能力を持っていることである。このことは、今日における情報通信伝達手段の飛躍的向上と無縁ではない。企業がサステナビリティに貢献していないとしてその真偽が不明のまま咎められる危険性があるものの、企業がサステナビリティに貢献することを具体的に伝えて広範の市民から高い信頼を得るチャンスが豊富に提供されるからだ。そのため、現代における経営者は、サステナビリティのために、営利追求一辺倒ではなく、企業独自の大義を遂行することが企業の持続的成功の鍵になると判断するようになる。

新しい資本主義においては、このような潜在能力を最大限に引き出すために、企業に対する経済学的な捉え方が大きく変わることになる。本章は、企業を「大義のプラットフォーム」として再定義することを解説し、新しい資本主義とは何かについて理解を深めたい。

人は自身の大義を実践して自己実現を果たそうとするが、一人では十分な成果を生み出せない。しかし、複数の人々が協働することで大義をより効果的に達成することができる。企業は、異なる個人が、互いの世界観の衝突を回避し、持続的に協働するための「大義のプラットフォーム」を提供する組織体と捉えられる。

企業は、それ自体が固有の世界観をもち、その社会的責任として独自にサステナビリティの大義を定める。個人は従業員として企業に参加し、企業のこの大義に協力する。それとともに、個人は企業において自身の自己実現も果たそうとする。企業は、企業の世界観と従業員の世界観の整合性を保つことによって、サステナビリティへの貢献を効果的に実現させる。

個人が従業員として会社に勤める理由は、単に生計を立てるためだけではない。企業には、個人の才能、情熱、価値観が生かされ、自己実現が果たされる居心地のよい居場所になることも求められる。例えば、職場は同僚と共通の目的に向かって協力できるコミュニティであるべきだ。そうすれば、職場での成果は、個人の大義をよりよく反映したものになり、人間的成長の源にもなる。

このように、会社に勤める理由は、経済的な必要性を超えて、個人の世界観や大義の実現に深く関わる。これらは、企業に求められる社会的責任の一環として位置づけられる。企業は、従業員の大義にも共感して、彼らの目標達成をも支援していかなければいけない。そのため、企業は個人の大義をサポートするための具体的な戦略や仕組みを開発していくことになる。これにより、従業員は、企業や仕事に対する高い忠誠心とエンゲージメントが一層育まれる。

つまり、個人と企業の大義の整合性を保つことは、企業の成功のための重要課題になる。これを実践できると、企業は人間中心のサステナビリティの時代にふさわしいビジネスを展開できる。

個人の大義と企業の大義が十分に一致している場合には、個々の努力が生み出すシナジー効果はとても大きくなる。チームメンバーが異なるスキルや視点を持ち寄ることで、より革新的なアイデアや解決策が生み出される。よって、サステナビリティのための政策提言、業界基準の設定、社会的認識の向上といった大きな社会的変化が促進される。

このような大義のプラットフォーム・ビジョンは、営利企業、社会的企業、非営利組織など、様々なタイプの組織形態に適用できる。営利企業は、利益を追求しながら社会的責任も果たすことによって、従業員や顧客との強い結びつきを築いていく。社会的企業は、社会的責任目標（社会的インパクト）の達成をビジネスの中心に置き、利益を追求しながらこの社会貢献を最優先する。また、非営利組織は、特定の社会貢献のために営利にとらわれない奉仕活動を実践する。

中でも特に、営利企業、社会的企業といった、非営利組織以外の、より自立した組織形態がサステナビリティに貢献していくことが期待される。そのためには、企業の財務状況自体が持続可能でなければならない。つまり、収益を生んで財務的に安定していることが不可欠になる。よって、サステナビリティに関する社会的責任と営利追求とがいかに両立できるかも、新しい資本主義における企業経営の重要課題になる。

営利的組織がサステナビリティに貢献できるという期待はあまりに理想的過ぎて、実際には無理ではないかと疑問を持たれるかもしれない。社会的責任にとらわれずに営利をひたすら追求する企業には結局のところ市場競争において勝つことができないのではないか。しかしこれは、持続的な成功と営利的な成功とを同一視することから生じる誤解である。

例えば、企業Aは収益の期待値を最大化することを目的とする、純粋に営利的な企業であるとしよう。一方、企業Bはやはり営利を追求するが、サステナビリティの大義をもち、財務的な持続性を重視し、倒産を極力回避したいと考えているとしよう。両企業はともに現状においては、毎期2万円の収益を確実に稼ぐビジネスを継続的に行っている。収益の半分は株主に配当され、残りは内部留保される。現状において、両企業ともに10万円の自己資金をもっている。

今ここで新しいビジネスプランが舞い込んできた。それは、自己資金を全額投じれば、50%の確率で投じた額の10倍を稼ぐことができるが、残りの50%で倒産する、財務リスクのあるプランである。この時、企業Bは倒産を極力さけたいので、新しいビジネスプランには鞍替えせず、確実に2万円の収益を稼ぐ現状のビジネスを継続するだろう。一方、企業Aは、新しいビジネスに鞍替えすると、期待値として自己資金の5倍を稼ぐことになる点に興味を抱く。

倒産しない限り、配当支払い後の自己資金は毎期5倍増で推移し、毎期の株主への配当も5倍増で推移していく。そのため、倒産するリスクを考慮しても新しいビジネスに鞍替えする方が、純粋に営利を追求する企業Aにとって得になる。つまり、企業Aが新しいビジネスプランに鞍替えすることは合理的な経営判断といえる。確かに企業Aは、毎期50%の倒産リスクを負うことになるので、有限期内でほぼ確実に倒産することになる。それでも株主はこの新しいビジネスに賛成する。その理由は、倒産する前に非常に高い収益を得ることができるからだ。

以上のシナリオは、社会的責任を担う企業の方が営利企業よりも財務的に長く生き延びる、つまり営利企業の方がより早く市場淘汰される可能性があることを示唆している。

サステナビリティの時代においては、社会的責任を果たそうとしない企業は、投資家、消費者、労働者の様々なステークホルダーからボイコットの対象とされる。しかし上述したシナリオは、そのようなボイコットがなかったとしても、そして企業がその収益性について十分に長期的な視野に立っているとしても、依然として純粋な営利追求と企業の持続性の間に乖離が生じることを物語っている。社会的責任を果たす企業は必ずしも市場淘汰されるとは限らず、むしろ高い経済的生存能力があると考えていい。

では、サステナブルな企業が営利企業よりも、いつでも長く生き残れるかというと、そうではない。今度は、以下のような別の新しいビジネスプランを採用するか否かを考えてみよう。新しいビジネスプランは、採用されるとその期に10%の倒産リスクをもたらすが、残り90%の確率で次期以降2万円を毎期の収益として確実にもたらすとしよう。純粋に営利的な企業Aは、このプランに変更すると、収益性はそのままなのに単に倒産リスクを高めるだけなので、絶対にこのプランには鞍替えしない。

しかし、サステナブルな企業Bは、プランの内容をさらに詳しく調べた結果、このビジネスプランに変更すると、倒産リスクと引き換えに、次期以降にはより高いレベルの社会的目標を持続的に達成できることがわかったとしよう。ならば、企業Bは喜んでこの倒産リスクをとることになるかもしれない。この場合には、営利中心の企業Aの方が生き延びやすいことになる。このように、営利企業とサステナブルな企業のどちらがより長く市場に生き残るかは、リスクの在り方などに左右されるので、一概には何とも言えない。

2　世界観としての企業文化

企業は以下のように、複数の要素を含む非常に複雑な複合体である。企業は、利益の追求、顧客のニーズの満足、市場での競争優位の確立など、特定の目的を持ち、それらの目的の達成のために組織化された人々の集合体である。企業は、リーダーシップ、管理構造、部門分けなどを組織構造に組み込み、企業内部の管理と階層、情報の流れ、意思決定プロセスなどを定めている。そして企業は、独自の世界観や行動規範を持っていて、従業員の行動と組織の全体的なパフォーマンスに規律を与えている。さらに企業には、法的枠組み、取引関係、労働契約など、企業が機能するための多くの契約関係も存在している。従業員のスキル、知識、経験といった人的資本の蓄積も欠かせない要素だ。

他にも、設備や原材料、財務資源、これらを利用して価値を生み出す運営プロセス、市場の動向、競争環境に応じた戦略、イノベーション、資金調達、投資戦略、財務状況の管理、法規制と倫理的な運営、社会的価値と環境への配慮、企業の持続可能な成長、さらには、国際市場、多文化的環境、異なる法律と規制といったグローバル要因など、企業に関連する要素は多種多様であり、枚挙にいとまがない。企業は、このように多様な要素が相互に作用し合う複雑な組織体なのである。

大学教育における初級レベルのミクロ経済学では、このような複雑な組織体としての企業は極端に抽象化されて、生産技術と利潤最大化を遂行するマシンと捉えられる。生産技術とは、労働や資本といった生産要素(生産手段)をインプットして製品をアウトプットする生産関数のことであり、従業員は労働という生産要素の供給者と捉えられる。複合体としての企業の詳細は示されず、その全てはブラックボックスに閉じ込められたままになる。

しかし、中級レベル以上になると、企業の捉え方はより踏み込んだものになる。企業を「契約の束」として捉える、組織の経済学を学ぶようになるからだ。組織の経済学は、企業を様々な利害関係者間の契約関係の集合体と定義する。企業は、集積のメリットを生かして、個別の契約や取り決めを低い取引費用で達成させることができる。

企業に契約が集中していると、組織内での情報の一元化が容易になる。情報が散在している場合には、契約内容や取引に関する情報を見つけるのが難しく、情報収集に時間がかかる。しかし、契約の集中によって情報へのアクセスが改善され、取引費用が削減できるのである。標準化された契約テンプレートやプロセスも開発されやすくなり、契約作成や交渉のプロセスがより効率化され、取引費用はさらに低減される。

契約の集中によってこのようなプロセスの改善と効率化が促進されれば、さらに大きな効果が生み出される。それは、特定の取引相手との長期的な関係を築く機会が増えることだ。信頼に基づく強固な取引関係は、将来の交渉や協力においても取引費用を削減し、取引の円滑な進行をさらに支援することになる。関係性(リレーションシップ)の重要性を認識することでも取引費用の低減は促進される。これにより情報伝達とコミュニケーションが改善され透明性が高まれば、関係者間での誤解や紛争を減らすことができ、さらに取引費用が低減される。

このような契約の集中のメリットを理解するためには、企業が大切にしていること、事業を通じて達成したいこと、社員がどのように行動し、互いにどのように接するかを方向付ける行動規範、上層部がどのように組織を導き意思決定を行うかを方向付けるリーダーシップ、情報の共有とコミュニケーションの方法、ロゴ、スローガンなど、企業のアイデンティティを象徴する様々な要素の存在も無視できなくなる。企業を契約の束として捉える組織の経済学は、これらを総合して、企業内部の行動規範の集合体として、企業文化を学術的に概念化するのである。このように概念化された企業文化は、社員のモチベーション、チームワーク、組織の効率に大きな影響を与えており、取引費用を引き下げる原動力とされる。

現代の企業は、利潤追求一辺倒からサステナビリティ（ＳＤＧｓ）重視へと変化してきた。そのため、ＳＤＧｓの普及以前と以後では、企業像が大きく様変わりすることになる。この変化に伴い、企業文化の概念自体も、企業内部の行動規範の集合体から、より広範な社会的責任を含む理念へと修正されなければいけない。

ＳＤＧｓの普及以前の企業は概して、株主の金銭的利益を高めることを目的としていて、他のステークホルダー（従業員、顧客、地域社会など）の利益を二次的扱いとしていた。企業は四半期ごとの業績に重点を置き、短期的な利益を追求していた。環境保護や社会的責任は限定的にしか扱われなかった。リスク管理も保守的で、財務リスク管理に重点を置き、社会的または環境的リスクは二次的扱いだった。

企業内の決定はトップダウン方式で経営層によって行われ、従業員の参加や意見などはあまり考慮されなかった。また、既存のビジネスモデルとプロセスに固執する傾向があり、社会的問題や環境的な問題に対する対応は緩やかだった。イノベーションの範囲も限定的であり、新しい技術やビジネスモデルの導入は、主に利益増や市場優位に直結する分野でのみ行われていた。

契約の束によるアプローチの登場は、このような株主の金銭的利益を重視する、いわゆるシェアホルダー型経営に捕らわれず、従業員や顧客といった他の契約的な関係者の意見も重んじる、(初歩段階の)ステークホルダー型経営を考慮するきっかけを提供する。しかし、SDGsの普及以降の企業においては、このような契約関係者に対する義務や責任のみならず、直接的な関係性に縛られない広範の社会的責任が、重要な戦略的要素として認識されることになる。そのため、契約の束によるアプローチには限界がある。

企業活動には契約では把握できない文化的、社会的、心理的要因が多く含まれている。これらに関わる、契約には現れない非形式的な側面をもはや見過すわけにはいかない。特に、経済や市場の動的な変化に迅速に対応することを考えるには、契約の束によるアプローチでは不十分である。

そのため企業文化の概念が大幅に修正されることになる。企業文化の根本原理は企業の世界観にある。企業の世界観の進化的ダイナミクスこそが企業文化全体を本質的に規定している。このことが、実践的にも、学術的にも明示的に扱われなければならない。本書は、企業文化を企業の世界観と同一視して概念化するとしたい。

企業の世界観としての企業文化は、個人の世界観の単なるアナロジーではない。個人の世界観はスピリチュアルな内省と個人的経験から形成される。しかし、企業文化（企業の世界観）は組織内の対話、協働、経営方針などによって形成される。個人の世界観は変化しやすい傾向があるが、企業文化は逆に、変更が難しく時間がかかる傾向がある。個人の世界観と企業文化の間の関係は複雑で、時には調和し、時には衝突する。しかしこのダイナミックな緊張関係こそが、個人と組織の両方にとって成長と変化の源となる。

企業文化は、個人の世界観の移ろいやすさを抑制するとともに、個人の大義の質とその持続性を下支えする。第2章7節において説明された介護問題はこの好例である。一方、個人の世界観は、企業文化の大胆な変化を後押しして、組織の硬直性に歯止めをかける。このフィードバック関係は、企業が、自身のビジネスモデルや価値観を、社会的、環境的な観点から時間を通じて常に再考していることを意味している。

サステナビリティの時代における企業にとって、多岐にわたるSDGsの目標をいかに自社のビジネス戦略に組み入れるかが中心課題になる。企業は、自社の業務がこれらの目標にどのように貢献できるかを理解し、戦略をそれに合わせて調整していかなければならない。同時に、企業は、SDGsに対する取り組みにおいて、透明性を保ち、その進捗について従業員、消費者、さらには広範囲に及ぶステークホルダーに対して報告しなければいけない。このようにして、企業は、従業員、顧客、地域社会、政府など、広範のステークホルダーと対話し協力して、社会貢献に向けた共通の目標に取り組む体制を整えていく。

SDGsの目標は非常に広範である。各企業が全ての目標に対して等しく貢献することは難しい。そのため、企業は、自社のビジネスモデルに最も適した目標をサステナビリティの大義として選択することになる。しかし、併せてSDGsの目標全体のバランスも、できる限り考慮していかなければいけない。

例えば、企業が特定地域の経済活性化のための具体的目標を定めたとしよう。それはSDGsの目標11(住み続けられるまちづくりを)に直接的に関係している。しかし同時に、目標8(働きがいも経済成長も)や目標9(産業と技術革新の基盤をつくろう)にも関係している。さらに、この具体的目標の実践において、その他のＳＤＧｓの目標全体への間接的な影響も併せて考慮することになる。

3　契約の束から社会的責任へ

サステナビリティの経済学は、企業を、単なる契約の履行義務を超えた、より高度な倫理的義務を負う存在であると捉える。その社会的責任は、単一の法的、倫理的義務としてはうまく捉えきれない、多面的な倫理性として理解されなければいけない。

伝統的な経済学においては、企業は、シェアホルダー型経営として、経営者と株主との関係において発生する契約的な履行義務を最優先する存在とされてきた。経営者は、株主から経営を事実上委託されているとして、株主に対してフィデューシャリー・デューティー（忠実義務、信認義務）を負う立場とされる。

フィデューシャリー・デューティーとは、業務の受託者は、単に業務を履行する義務を超えて、受益者の利益に忠実であることを要求する法的概念である。ここでいう受益者とは株主のことであり、株主の金銭的利益を最大化することが経営者に半ば自己犠牲的に求められる。これにより、株主は、経営者が株主の利益に逆らって、個人的な利益のために会社を利用することを排除するのである。

従業員や顧客に対しても、経営者は、契約や取引の履行義務を超えて利益を守るとする信頼義務(信義則)を負う立場になる。しかし、シェアホルダー型経営では、これらは補助的な役割に留められ、あくまで株主の利益についてのフィデューシャリー・デューティーが重視される。そのため、このフィデューシャリー・デューティーは、他のステークホルダーとの関係と切り離して個別化して扱うことができる。このような個別化された関係性は、医者と患者、弁護士と依頼人の関係などと原理的に同じである。

しかし、企業をシェアホルダー型ではなく、ステークホルダー型経営と捉える場合には、株主に対するフィデューシャリー・デューティーは、もはや他のステークホルダーの利害と切り離して検討できなくなる。企業は、株主のみならず全ての契約関係者に対しても、契約の履行義務を超えた法的、倫理的義務を負うことを無視できなくなる。必然的に、契約関係にある様々なステークホルダーの間で、どのように利害のバランスを保つかが企業経営者の悩ましい課題になる。

さて、ここからがこの節の本題になる。サステナビリティの時代においては、もはや企業を契約の束として捉えるべきでない。企業に期待されるのは、契約関係のような直接的な関係性における責任の全うではない。重要になるのは、企業の、直接間接を問わず広範のステークホルダー全体に対する社会的責任である。企業の社会的責任は、多面的で広範な倫理的義務であり、自発的に社会、環境、経済に良好な影響を与えるものである。そのため、経営者は株主、従業員、顧客に対し、企業が倫理的に果たそうとしている社会的責任について、深い理解と共感を求めることになる。

このような企業の社会的責任によって、企業文化を取引費用との関連における企業内部の行動規範の集合体と捉えることは、もはや適切でなくなる。代わりに企業文化を、企業の世界観として理解することが要請されるのである。経営者は、多様なステークホルダーの利害の妥協点を模索するのではない。企業文化に基づいて企業が定めるサステナビリティの大義に共感することを求め、ステークホルダー全員をこの大義と同じ方向に向かせることを、経営戦略の目的とするのである。

企業の社会的責任は、独自の大義を定め実践し、ステークホルダーに共感してもらうという能動的側面をもつ。このような責任は、経済的動機や既存の法的義務に隷属させることができない、複雑な倫理的多面性によって特徴付けられる。このことを、医者の患者に対する忠実義務と医師会に期待される社会的責任を例として説明しよう。

医者は患者に対して最善の医療を提供する忠実義務を負う。この忠実義務は、第2章でも触れたことだが、パンデミック時のような緊急事態における社会的医療活動にも拡張される。この意味において、医者の忠実義務は、受益者の範囲において、単なる患者との個別的な関係にとどまらない社会性をもつ。しかしこのような個別から社会への拡張には限界があるのだ。つまり、さらに拡張し、医療システム全体の管理運営についてまで、専門家としての忠実義務をそのまま拡大解釈することはできない。

確かにより良い医療システムの構築において、医者や医師会といった専門家集団の役割は、疑いの余地なく重要である。医者は個々の患者に対して忠実義務を果たすが、それに加えて、医師会が社会全体の健康と福祉を向上させるための社会的責任も担う。公衆衛生について啓蒙し、健康なライフスタイルの促進や疾病予防の重要性を社会に広める活動を行う。医療政策の策定に参加し、患者中心の医療体制や公平な医療アクセスの実現を目指す。次世代の医療専門家を育成するための教育プログラムや研修を提供し、高い倫理観を持つ医療人材を確保する。医療技術の進歩に寄与し、効果的な治療法や新しい医療技術の開発を推進する。このような活動を通じて、医療専門家や医師会は、個々の患者との関係を超えて、より広範な社会に対し積極的に貢献し、医療システム全体の質の向上に寄与している。

しかし、だからといって、医療専門家の忠実義務をそのまま広範囲の社会的責任に拡大できるとして、医療システム全体についても医師会に全面的に任せるべきだと言明することは不適切である。専門家集団だけが医療システムを掌握する場合、多様な視点や利益が十分に反映されない危険性がある。専門家集団が特定の利益や視点に偏ることもあり、社会全体の利益と衝突してしまう。

医療システムはあくまでも民主的な過程を通じて決定されるべきである。特定の専門家集団による独占的な決定はこの原則に反する。専門家集団だけに依存すると、新たな課題や変化する状況に対する柔軟性や適応性が著しく低下する恐れがある。専門家集団が主導する場合、その決定過程における透明性や説明責任も確保されなくなる。よって、忠実義務とは区別して、医療システムの維持管理にかかわる社会的責任の在り方が問われなければいけない。

サステナブルな医療システムの構築には、医療専門家の意見を尊重しつつも、政府、市民社会、民間企業、一般市民など、多様なステークホルダーの参加と対話と協力が不可欠だ。そうすることによって、透明性が確保され、民主的、包摂的で協力的なアプローチをとることができ、より広範な社会的利益の実現がはじめて可能になる。

サステナビリティの時代において組織文化（組織や企業の世界観）が適切に進化するためには、全てのステークホルダーに向けた意思決定手続きの透明性と民主性が不可欠になる。そうでないと組織は既得権益を主張する利益集団になる。よって、もし意思決定の透明性とステークホルダーとの良好なパートナーシップを推進していかないならば、その組織は社会的責任を果たしていないとみなされるべきである。医師会がこのような社会的責任を果たす体制を備えているならば、国や社会は、抜本的な改革も念頭に置いて、よりよい患者中心の医療システムを構築していくことができよう。

例えば、地域、年齢、収入を問わず、全ての市民が基本的な医療サービスを継続的に受けられる体制をつくりたいとしよう。そのためには、医療機関へのアクセスの容易さ、予防医療の充実、自主的な健康管理のための教育や指導の強化などが必要だ。この体制の確立によって、重病の早期発見が可能になり、結果的に医療費削減にもつながる。このような仕組みを効果的に導入するには、抜本的な構造的イノベーションも必要になる。

具体的には、専門医を中心とした病院と総合医を中心としたプライマリケアを役割分担させ、相互に連携できる体制を作ることなどが求められる。このような患者中心の制度改革は、多様なステークホルダーとの対話とパートナーシップによって初めて可能になる。

医者と医師会の例は、既存のフィデューシャリー・デューティーと社会的責任が本質的に異なる倫理性であるため、区別して慎重に扱われるべきであることを示唆している。このことは、サステナビリティの時代における企業にそのままあてはまる。つまり、サステナビリティの時代に目指すべき企業像は、官僚的統治と真逆であるとともに、テクノクラート（専門家集団）による集権的統治とも真逆だということである。

4　サステナビリティ経営

一般に、企業は本業を通じてその大義を実現させようと考える。その際、大義の実現とともに、企業の活動がサステナビリティの様々な側面やＳＤＧｓの目標全てに対してどのような影響を及ぼすかも、総合的に考慮していかなければいけない。企業は、サステナビリティの大義の実践とともに、自社の営利活動が環境、社会、および企業統治の在り方に与える影響を、様々な視点からよい状態に保つことも、社会的責任の一環として問われる。そのため企業は、以下に説明される「サステナビリティ経営」を実践しなければならない。

本業として財・サービスを製造している企業を考えよう。このような企業には、活動の全工程、つまり原材料の調達、生産、加工、配送、販売、そして消費者への届け出といったサプライチェーン上で、環境負荷、社会的費用、様々なステークホルダーへの負荷がどの程度生じているか、つまり自社が与える広範囲に及ぶ外部性は何かについて精査して、これらの負荷や費用をいかに減らすかに最善を尽くし、企業の外部者に対する透明性を維持することが求められる。

例えば、バッテリーの製造を社内で行っている場合、CO_2が過度に排出されることを防がないといけない。CO_2の排出に対して政府が十分に炭素税(環境税)を課しているならば、その税負担を費用としてそのまま計上すればいい。しかし炭素税が課されていない場合、あるいは炭素税率が低い場合には、その税負担の不足分を計測して、炭素税とは別に社会的費用として追加計上することが社会的責任として求められると考えなければいけない。

経済学においては、経済活動がもたらす外部性をその活動主体の費用便益に内部化させるため、外部性の程度に応じて支払額が決められる税制度が効果的であると考えられている。これはピグー税(矯正税、環境税、炭素税など)と呼ばれ、政府の重要な環境政策になる。もし広範囲に及ぶ様々な種類の外部性に対して適切なレベルのピグー税が課されるならば、企業はわざわざ環境負荷や社会的費用を追加計上する必要はなくなる。

しかし、このような徹底したピグー税を想定することは、あまりに非現実的である。そのため、企業には、ピグー税があってもなくても、外部性を自らの判断で内部化することが社会的責任として問われるのである。この社会的責任を果たさないと、企業は信頼を失い、ボイコットされ、持続できなくなる恐れがある。例えば、公害をまき散らしている企業は、公害にピグー課税されるのではなく、その信頼を失うことによって損をし、挙句には市場から駆逐されるのである。

さらに注意するべきは、このような企業の社会的責任の及ぶ範囲は、自社内のサプライチェーン管理に代表される企業活動の及ぶ範囲に限定されてはいけないという点だ。例えば、バッテリーの製造を自社内で行っている場合と、バッテリーを外注している場合を比較してみよう。もし炭素税が適切に設定されていれば、外注するかしないかは通常の費用便益ベースの経営判断で済まされよう。しかし炭素税が課されていない場合、外注すると企業活動のおよぶ範囲内においては社会的責任を逃れることになる。しかし、自社の活動の範囲を超えて製品の製造の全工程を考えるならば、外注しようとしまいと、CO_2の過剰排出の実態には何ら変わりがないことになる。そのため、企業の社会的責任の及ぶ範囲は、自社の活動の及ぶ範囲ではなく、自社の活動範囲を超えた、製品に必要な原材料の採取から製造、使用、廃棄またはリサイクルに至るまで、製品ライフサイクルの全工程を含まなければいけない。

製品ライフサイクルアセスメント（LCA）は、エネルギー消費、温室効果ガス排出、水資源の使用、廃棄物の発生など、多岐にわたる環境負荷について、製品ライフサイクルの全工程において環境指標を分析する工学系アプローチである。サステナビリティ経営には、LCAの知見などを活用して、広範囲に及ぶ環境負荷、社会的費用、外部性一般を、企業活動に関連付けることが求められる。例えば、サステナビリティ経営をしていないバッテリー製造業者からバッテリーを購入していると、購入した企業もまたサステナビリティ経営をしていないとして責任を追及されるのである。

したがって、企業はバッテリー製造業者のような、部品や原材料の購入先のサプライチェーンについても情報を得ておく必要がある。そのため、例えば、ブロックチェーンを使って、サプライチェーンを連結させて、秘匿性を保持しつつ、改竄《かいざん》のリスクを伴うことなく、必要とされる他企業の情報にアクセスできるデジタル環境を整備することが必要になる。また、どの企業がどの工程における環境負荷を負担しているかについての情報も、社会的責任を社会全体で効果的に果たすために必要になる。このような制度設計は決して容易なステップではないが、矯正税に限界がある以上、検討されなければいけない。

企業は、このようなサステナビリティ経営の内容についてきちんと情報開示することによって、社会からの信頼を維持することができる。特に投資家からの信頼確保は重要であり、多くの投資家が非財務的、非営利的な情報を適切に評価してくれることが切に望まれる。そのための便宜を図る方法として、非財務情報を定量化して、企業間で比較検討することができるような制度的工夫も必要になる。

例えば、ESG指標は企業の環境(Environmental)、社会(Social)、企業統治(Governance)に関するパフォーマンスを評価するための、第三者機関による基準である。ESG指標は、企業が持続可能な運営を行い、社会的責任を果たすための一連のマナーや実践を怠っていないかどうかを定量化するものである。投資家は、企業の長期的なリスクと機会を理解し、持続可能性に基づいた投資判断を行うために、ESG指標を活用することになる。ESG指標は、サステナビリティを重視する投資家にとって、財務情報とともに有用な判断材料になる。

しかし、注意しなければいけないことは、ESG指標が高いだけでは、SDGsが目指す広範な社会的、環境的課題への本質的な対応の在り方を把握しきれない点である。どれほどESG指標を精緻化しても、これには限界がある。企業の目指すサステナビリティの大義自体はこのような仕方では定量化できないからだ。そのため、ESG指標によって企業間で競争が促進され、指標の低い企業が駆逐される状況が好ましいかどうかについては、慎重な見方が必要だ。結局、投資家には、ESG指標を参考にしながらも、企業の長期的なビジョンや使命、大義の実現のための取り組みを個別的に十分に考慮することも求められる。安易に定量化されたものだけでなく、企業の定性的な情報やストーリーをも考慮することが、依然として大事である。

例えば、サステナビリティにおいては、多面的なイノベーションが重要になる。気候変動、貧困削減、清潔な水と衛生、質の高い教育など、幅広い社会的・環境的課題に対処するため、革新的なアプローチや技術が必要になる。これらは、従来の方法や思考では解決できない複雑なものだ。このようなイノベーションは、単に新しい製品やサービスを開発することを超えて、持続可能な未来への道筋を定め、経済成長と環境保護のバランスをとる方法を再定義してくれる。これは、ビジネスが社会的、環境的、経済的な価値を同時に生み出す新しい方法を模索していることを意味する。この観点から、イノベーションはサステナビリティにおける特に重要な要素になる。このような多面的なイノベーションは、長期的には企業のESG指標の改善に貢献するものである。しかしその途上においては、むしろESG指標を下げてしまう可能性がある。

例えば、あるバッテリー製造業者は低いESG指標値だが、その社会的取り組みの実態がサステナブルなバッテリー製造技術の開発であるケースも考えられる。企業が優れたサステナビリティの大義を目的とするがそのための取り組みは当面はESG指標を改善することに繋がらない場合、ESG指標による企業間競争は抜本的なイノベーションの可能性を駆逐し、かえって市場の失敗を誘発してしまう。

また、ESG指標が高い企業であっても、その実際の持続可能性の取り組みや社会的責任が表面的である場合や、大義に対して深いコミットメントを欠いていることも起こりうる。いわゆる「グリーンウォッシュ」(実態が伴わない表面的なアピール)や、形式だけの取り組みに企業が終始している可能性がある。企業がESG指標を高めることのみに焦点を当て、SDGsのような広範な大義に対する深い取り組みを怠る場合、それはサステナビリティの理念や社会的責任の実現から遠ざかる結果を招く。

例えば、企業はESG指標の改善を通じて、その評判を向上させ、それを信頼の獲得に結びつけようとする。この時、サステナビリティの大義を持たないような、純粋に営利的な企業によるESGへの取り組みが、外部から見れば倫理的な企業の行動と区別がつかない場合も起こりうる。真のサステナビリティ経営は、製造工程において環境負荷の問題があることを発見した場合、まずはその社会的責任において改善に全力を尽くそうとするはずだ。しかし、純粋に営利的な経営者であれば、まずはこの環境負荷の問題がいずれ外部に発覚されるものかどうかを確認することから着手する。このような経営者は、「会社の信頼は評判に隷属する」と考えており、評判に影響がなければ、環境負荷の改善に積極的にならないのである。SDGsは、信頼を評判に隷属させるだけの見せかけの経営戦略をグリーンウォッシュと呼んで、厳格に排除したいのである。

社会的責任はサステナビリティという多面的な倫理性に深く根差している。その一環としてESGの取り組みがある。真のサステナビリティ経営は、表面的な指標やパフォーマンスの向上を超え、企業の良質の世界観に深く根ざしたものでなければならない。企業がESG指標を改善することは、投資家にとって魅力的なポイントとなり、企業の評判や市場価値を高めることができる。しかしこれが形式的である場合、SDGsが目指すより深い変革や創造的な大義には寄与していかない。ESGの取り組みが形式的なものに留まると、グリーンウォッシュのような見せかけだけの経営を容認することになる。この点を注意すれば、ESGの取り組みは、企業が社会全体をその活動の受益者と捉え、広範の受益者に忠実であるとするフィデューシャリー・デューティーの現代版として、企業の社会的責任達成のためのかけがえのないピースになっていく。

5　営利企業と企業財団

営利企業は法人企業の代表的な組織形態である。営利企業は、営利活動によって利益を生み出すことを目的とし、製品やサービスを販売して収益を上げ、それを株主に分配する。サステナビリティの時代における営利企業には、営利追求の目的の他に、サステナビリティ経営によって社会的責任を果たすことも求められている。もし企業が営利を追求し、その結果として企業が目指すサステナビリティの大義が実現されると期待できるならば、営利企業という組織形態は依然として最有望株とみなされる。企業の大義にあまり関心がない投資家も、その高い収益性ゆえに積極的に出資してくれるからだ。例えば、ビール会社が「エコビール」をその大義として掲げるならば、営利企業のまま大義も実現できるかもしれない。実際、多くの企業は、サステナビリティの時代においても、営利企業の形態のまま社会的貢献を十分果たすことができると信じている。

余裕のある営利企業は、本業活動の範囲に縛られずに、さらなる社会的責任を果たすことも考えるかもしれない。営利企業は、社会貢献の範囲を広げることによって、企業の信頼やブランド価値の向上の可能性をさらに模索できるからである。例えば、カールスバーグのように本業がビール醸造であれば、まずは本業においてエコビールを推進する。つまり、エネルギー、CO_2排出、水資源の管理、アルコールの健康影響など、本業に直接関連する領域に注力する。そして余力があるならば、本業を超えて社会的責任の範囲を広げ、科学、芸術、文化に関する活動や研究を支援する。こうして、ブランド価値や社会的影響力をさらに高めるのである。

これらは本業から離れており、営利的な活動でもない。そのため、企業本体の活動の一環として同様に扱うべきではない。そこで企業は、非営利組織として財団を設立し、本業から切り離して、独自のガバナンス構造によって財団運営を切り盛りすることを考える。財団は企業からの寄付によってスタートし、企業の収益の一部を定期的に財団に寄付するようにする。こうして、企業の収益の一部が本業とは別の非営利目的に常時使われるようになる。このように、本体企業はあくまで営利企業の形態であるが、財団による非営利的活動によって本体企業の信頼とイメージ、さらには社会的影響力が高められる仕組みができあがる。このことは、従業員の忠誠心やエンゲージメント、社内の結束力も高めることになろう。

企業本体から独立しているが、企業が資金提供している非営利組織は「企業財団」と呼ばれる。企業財団を設立するメリットは多岐にわたる。例えば、企業財団を設立することによって、社会貢献の枠が広がり、新しい市場や顧客層にアクセスする機会が得られる。企業財団の設立によって、税制上の優遇措置が受けられる。企業の社会貢献活動をより専門化し、特定の分野や問題に対して深い影響を及ぼすことができる。企業財団が企業とは別ブランドとして認識されることもあり、これにより本体企業の社会的責任活動がより広範な視野で評価されるようになる。企業財団は、非営利団体、地方自治体、他の企業など、異なるステークホルダーとの協力関係を築くためのプラットフォームとなり、企業の影響力がさらに拡大される。企業財団は独立したガバナンス構造を持ち、その活動は本体より透明性が高いため、社会的責任活動の信頼性と説明責任が高められる。

企業財団の設置が買収防衛策として機能する可能性もある。財団を設立することで、企業はその社会的目的とコミットメントを明確にすることができ、これを経営の中核部分に位置づける。これにより、利益だけを追求する買収者にとっては企業が魅力的でなくなり、買収を防ぐことができる。

財団との結びつきをさらに強化するやり方として、財団自体が本体企業の大株主になることも考えられる。この場合、企業からの定期的な寄付の代わりに、企業から大株主である財団へ配当が支払われることになる。その配当の全額が財団の非営利活動のために使われる。

一方、財団は大株主の立場になることから、本体企業の活動に対してより影響力を持つことになる。問題は、財団が本体企業のビジネス活動とは異なる目的と構造を持っているため、本体企業が以前とは異なる経営方針を採用しようとする際に、財団の大株主としての意向と衝突する恐れがあることだ。

本体企業が環境に負荷をかける活動から利益を得ている場合、その利益を使って財団が環境保護活動を支援しているならば、利益相反といった倫理的疑問が投げかけられる。これは、従業員や経営陣の間で意見の対立やモチベーションの低下を引き起こす。このような状況は、企業財団の失敗のケースと考えることができる。本体企業が社会的責任を無視する場合、その負の影響を財団の活動が相殺してくれるということは、ありえない。企業全体の評判や信用に悪影響を及ぼす可能性の方が高いだろう。

企業財団が大株主である場合、他にもいくつか潜在的な欠点やリスクがある。特に「ゾンビ化」やイノベーションの制限が懸念される。「ゾンビ化」企業とは、本来なら市場の圧力により淘汰されるべきなのに、外部からの資金援助や特別な扱いによって生き延びる企業のことである。企業財団が大株主である場合、過度な保護によって企業が市場の現実から遮断され、競争力の喪失につながる可能性がある。財団が長期的な安定性や特定の倫理的価値観を優先する場合、企業がリスクを取ってイノベーションを追求することが難しくなる可能性もある。これは、過度なリスク回避や革新的なアイデアへの投資不足につながる。また、財団と企業の間で経営に関する意見の相違があると、意思決定を遅らせる可能性があり、市場の変化に迅速に対応する能力が損なわれる。企業の方針が市場のニーズやトレンドから乖離している場合、財団の影響によってそのギャップがさらに広がる可能性もある。これらの懸念を踏まえると、この形態においては、企業財団が企業に及ぼす影響をバランスのとれた範囲内に留めるのが好ましい。

財団の存在は企業の長期的な安定性と社会的責任を支えてくれる。その一方で、企業は、財団のデメリットを抑制する努力も必要になる。経営者には、市場の動向に敏感であり続けることができるか、イノベーションを推進する柔軟性を変わらず保持できるか、が問われることになる。

6　社会的企業

サステナビリティの時代における営利企業は、営利目的の本業が経営の中軸にあり、本業の活動を通じて、結果的に社会的責任を果たしていく。さらには、財団を設立して、文化、芸術、科学、教育など、非営利的活動に社会貢献の範囲を広げることによって、さらなる企業の信頼とイメージの向上を図るというスタンスをとる。営利企業は、社会的責任を果たしていくが、基本的には営利中心だ。しかし一般に、企業の大義の実現は、徹底した営利の追求とは完全には整合的にならない。そのため、営利企業は大義を変更するか、その実現目標のレベルを下げるなどして調整するはめになる。

企業の大義と営利追求が整合的でない場合に企業が採りうる別のアプローチは、企業形態を営利企業から社会的企業に変更することである。概念的に、社会的企業は、企業の大義を一義的目的として、その実現を営利活動によって達成させる企業形態を指す。営利追求はある程度犠牲になるかもしれない。しかし企業が存続して持続的に大義を実現するためには、赤字にならないように、倒産しないように財務リスクを管理する経営戦略をたてることが要求される。

社会的企業概念は、営利企業と非営利組織の中間的な形態である。社会的企業は、特定のサステナビリティの大義、あるいは独自の社会的インパクト目標の達成を第一の目的としつつ、この目的を倒産せずに持続的に達成させるため、収益性を高めることも併せて目的とするスタンスをとる。この場合、社会的インパクトの内容は独自のものであるため、ＥＳＧ指標のような一般的な定量化によっては評価しにくい目標になりうる。例えば、特定地域の活性化を社会的インパクト目標とする場合、この目標は営利活動を必要とするが、活動の持続性と長期的な貢献が深刻な課題となり、営利企業や非営利組織ではうまく果たせないことが起こる。

このことはビール会社がエコビールを大義とするケースとは対照的である。エコビールの大義は広範囲の投資家によいイメージを提供し、長期的な収益に還元されやすい。よって営利企業のまま社会的責任を果たせる可能性が高い。しかし、地域活性化の大義はこのような楽観的見通しを前提とすることはできそうもない。このような場合には、営利企業としてではなく社会的企業として、投資家などに大義の理解と共感を一層強く求めていくことが必要になる。

社会的企業は、財やサービスの販売といった商業的な手段をつかって社会的インパクトを達成する。社会的目標が最優先であるため、営利追求にともなう財務リスクの発生をさけようとする。それは社会貢献の持続性を損なうからである。しかし社会的インパクトの向上に効果があると判断される場合には、営利企業がとらないようなリスクを積極的にとって事業の拡大を推進していく。

このことは社会的企業が非営利組織とは異なる側面があることを示している。非営利組織はあくまで非商業的方法によって慈善活動を行い、仮に収益が発生したとしても出資者には配分せず、全て社会的事業のために再投資される。非営利組織は寄付や助成金に依存した資金源の安全性を確保することを重視し、総じて低リスク志向である。

社会的企業は、リスクを恐れず社会的課題に立ち向かう創造的なアントレプレナーシップ(起業家精神)を必要とする。一般に営利企業におけるビジネス・アントレプレナーは、まず新規性のある独創的な営利目的の事業計画をスタートさせて、併せて社会的責任を、企業の信頼やブランドイメージの向上と関連付けながら考えていく。これに対して、社会的企業における、いわゆる「社会的アントレプレナー」は、まず新規性のある独創的な社会的インパクトのための事業計画をスタートさせて、併せて収益性を事業の持続可能性の見地から考えていく。社会的企業は、このような社会的アントレプレナーシップを現実化し、持続的に発展させるために工夫される組織形態概念の総称である。

社会的企業は、商業的な方法を採用し、収益を全て社会貢献のために再投資するわけでなく、その一部は株主や出資者へも分配される。そのため、非営利組織とは明確に区別される。残念ながら、営利活動の範疇であるため、資金提供者あるいは寄付者には税控除が適用されない。また、純粋に収益のみを重視している投資家は、社会的企業ではなく、より収益性に力点を置く営利企業に出資したがるだろう。したがって、社会的企業が実装されるためには、従来とは

本の豆知識

●おどり字・繰り返し符号●

々　同の字点

ゞゝ　一の字点（ひらがな）

〱　くの字点

〻　二の字点

ヾヽ　一の字点（カタカナ）

〲　くの字点（音が濁る場合）

仝　「同」の異体字

〃　ノノ字点（表や簿記などで使う）

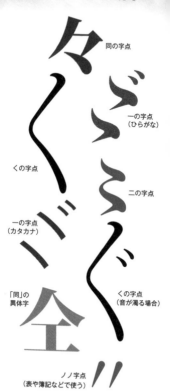

異なるファイナンスの方法を模索して資金を獲得する工夫が切に求められる。

社会的企業は高収益性の実現という点においては営利企業に負けるかもしれない。また単に社会的責任一般の達成という点においても、税控除といった優遇措置の欠如から、非営利組織に負けてしまうかもしれない。そのため、社会的企業は、社会的インパクト目標を具体的に示すことで、他の組織の社会的目的とは差別化し、広範囲の市民にその意義を理解してもらい、事業内容に共感してもらうことをとても必要とする。寄付の時のような税控除の特典がないことと、社会的インパクト目標に対して出資者の影響力を制限したいことなどから、広く資金提供を促して、小口の資金をたくさん集める方法が望ましい場合もある。

ここで、社会的目的にたいして寄付などの資金提供をする市民の動機について、より深く理解しておく必要がある。このような市民は、サステナビリティの大義を実現する機会を探している。大口の寄付であれば、自身の寄付が社会的目的の達成に大きな影響を与えるので、このことが出資の動機になるだろう。税控除もこれを後押ししてくれる。しかし小口の寄付の場合、自身の寄付が社会的目的の達成にあまり影響を与えないため、単に社会的目的の達成の有無だけでは出資の動機を説明することができない。

しかし寄付者は、まがりなりにも資金を提供したことによって、社会的目的の事業に関与

(コミット)していることになる。このコミットメントがあることによって、達成からより高い満足を得ることができる。自身が関与していないのに、達成されたことを聞いてもさほどの満足はないだろう。そのため、寄付者には、大口小口、税控除の有無とは関係なく、大義の実現に関与していることで発生する大きな倫理的、心理的動機がある。

サステナビリティの大義の実現においては、このような動機についてさらに理解を深めていく必要がある。非営利組織に寄付する場合にはえてして、寄付に関係する社会的インパクトの直接的な効果にのみ関心が集中しがちである。これに対して、社会的企業の場合は、出資者は、社会的インパクト目標が一時的ではなく将来にわたって持続的に達成されることに、より強い関心がある。そのため出資者は、単に社会的インパクトが達成されたという事実を確認するだけでなく、収益の成果にも関心を寄せることになる。それは、収益の分配から得られる金銭的な満足のことではなく、高収益が社会的企業の持続可能性のシグナルになるということである。つまり、社会的インパクト目標の達成とともに高収益という成果を見て、これらは出資した企業が持続可能であることの証であると理解し、それによって一層高い満足を得ることができる。

よって社会的アントレプレナーは、社会的インパクト目標を商業的な方法によって達成して、その結果として、併せて十分な収益をも達成することを出資者から期待されることになる。

しかし、事業者がいくら持続可能な内容の事業計画を書いたとしても、それが本当に持続可能な計画なのかどうかはやってみなければわからない。この不確実な状態を放置しておくと、サステナビリティの大義を持つような倫理的な出資者は、実は持続不可能かもしれないという心理的なリスクを背負わされることになる。

したがって問題とされるのは、社会的企業に対する新しい金融システムを適切に設計することによって、本当は持続可能でないアントレプレナーを自発的に退出させ、本当に持続可能な社会的アントレプレナーだけが資金の借り入れに積極的になれるように、インセンティブの仕組みをいかに工夫するかということになる。

7　地域活性化とクラウドファンディング

このような視点から、以下において、株式会社ミュージックセキュリティーズによる「事業投資型クラウドファンディング」を参考にして、地域活性化プロジェクトのスタートアップと事業の持続化についての仮想的な例を紹介し、社会的アントレプレナーシップがいかにして現実化するかを説明しよう。

地域Aの住民である事業者Bは、地域Aの活性化を持続的に達成したいという大義を抱いている。そのため、観光サービス事業をスタートさせて、長期にわたって地域Aに多くの観光客が訪れるようにしたいと考えた。事業者Bは私利私欲を超えて地域活性化に貢献したいと真剣に思っている。そのためにはスタートアップとして一定額の資金が必要である。

例えば、調理器具の購入が必要であり、そのためには200万円が必要であるとしよう。しかし、事業者Bは自己資金も、担保もない状態である。

そこで事業者Bは地域Aの地方銀行Cに資金提供を申し込む。銀行Cは地元に根差した運営を行っていて、地元の事業者には優先的に貸し付けて、地域Aの経済活性化を支援したいと考えている。銀行Cは事業者Bの事業計画を念入りにチェックし、さらには事業者Bの地域活性化についての熱い思いが本物であることも理解できたとしよう。しかし、事業計画が社会的インパクトを短期的には達成できたとしても、果たして収益をも生み出して事業を長期にわたって持続させていくことができるだろうか。銀行Cは、そこまでは確証できなかった。事業者Bにこの事業計画に関連する実績があれば、それを参考にすることができるが、残念ながらそれもない。

銀行Cは預金者に対して責任を負っており、過度なリスクを避けなければならない。そのため借り入れを希望する事業者には、十分な自己資金や担保をもっていること、および収益性に関する実績、つまり黒字経営が可能であることの裏付けが求められる。残念ながら現状において、事業者Ｂはそのどちらの条件もクリアしていない。そのため、銀行Ｃは貸し出しできないという判断を下さざるを得ない。

例えば、銀行Ｃは事業者Ｂに自己資本として３００万円、事業実績として年間２００万円の収益を要求しており、この要求水準が満たされれば融資を検討できるとしよう。そのため、今のままでは事業者Ｂの大義はまぼろしと化してしまう。

そこで銀行Ｃは事業者Ｂに、社会的アントレプレナーを対象とした事業投資型クラウドファンディングを紹介することになる。銀行Ｃは事業者Ｂにこのファイナンスを活用するかどうかよく検討して、改めて起業するかどうかを判断するように促した。

事業投資型クラウドファンディングにおいて、そのデジタルプラットフォームを管理する仲介業者Ｄは、第二種金融取引業として法的認可を受け、事業者Ｂのような独自の社会的インパクト目標を掲げた社会的アントレプレナーに対して、そのプロジェクト内容、事業計画をウェッブサイト上で公開し、地元地域の内外を問わず広範囲の潜在的な支持者にアピールする場を提供して、社会的企業としてのスタートアップを支援している。閲覧できるプロジェクトは信頼性と透明性が求められ、なるべく具体的に社会的インパクト目標および事業工程を設定する。例えば、事業者Bは「地域Aに年間5000人の観光客増をもたらす」といった具合に、その達成度の評価の仕方も含めて、わかりやすくその社会的インパクト目標を提示することになる。各プロジェクトの内容はオンライン上で誰でも閲覧することができる。そしてプロジェクトに共感した支援者から小口の資金を集め、総額であらかじめ定められた十分な資金が集まった段階で、プロジェクトの事業者にそれが渡される。

クラウドファンディングの仲介業者Dは、様々な地方銀行からの紹介案件を利用して、十分に精査した上で、常に多くのプロジェクトをオンライン上で閲覧できるようにし、多くの一般市民が頻繁に閲覧に訪れるようにプラットフォームの機能、効率性、安全性を高めている。このような事業投資型クラウドファンディングは、銀行などとは異なり、小規模なプロジェクトを対象にし、収益性ではなくプロジェクトのアイデアや社会的インパクトを重視している。

一般的なクラウドファンディングは、短期的に必要な資金調達のために利用されることが多い。例えば、神社仏閣の修理費をクウンドファンディングで賄うケースなどである。しかし事業投資型クラウドファンディングは、持続的な目標のために資金を集める点で前者とは異なっており、サステナビリティの実現にとってとりわけ必要とされるファイナンス形態である。

事業投資型クラウドファンディングは、ベンチャーキャピタルに似ている側面があるが、本質的に異なる。ベンチャーキャピタルは自ら資金を提供し、経営に積極的に関与する。事業投資型クラウドファンディングにおいても、仲介業者は社会的アントレプレナーの経営にある程度関与するが、一般の人々から小規模な資金を集めることに重点を置いていて、混乱をさけるためこれらの出資者の経営への関与を認めないとしている。

事業投資型クラウドファンディングは非営利組織に対する寄付に似ている側面があるが、やはり本質的に異なる。クラウドファンディングを利用する事業者は商業的な方法によって社会的活動をするため、税控除の対象にならない。しかし、寄付と同じように、提供された資金は、アントレプレナーである事業者の自己資本となり、資金提供者に株主としての所有権や議決権は発生しない仕組みになっている。にもかかわらず、公開された資金募集の内容によっては、出資者に対して収益の一部を分配することも可能である。このことは非営利組織と社会的企業の組織形態の違いをよく反映しており、社会的企業の方がファイナンスに関して、より高い自由度を保っていることを意味する。

閲覧者は、事業者Bによる地域Aの活性化プロジェクトに共感すれば、地域Aの住人であるなしにかかわらず、小口の資金提供に積極的に応じると考えられる。その場合、出資者は、単に社会的インパクト目標が一定期間のうちに達成されるだけでなく、その期間に十分な収益を生み出すことにも関心を持つことになる。なぜならば、社会的インパクトの実現とともに十分な収益も発生するならば、一定期間以降、つまりクラウドファンディングの期間(例えば1年)以降も、事業者Bはこのプロジェクトを継続することが期待できるからである。つまり、自己資金を十分に獲得し、事業の実績も得たことによって、晴れて地方銀行Cから融資してもらうことができ、地域活性化事業を本格的に軌道に乗せることができるからである。

この例においては、事業者Bが5000人の観光客増を達成し、同時に2000万円以上の収益を稼ぎ、さらに収益の一部を出資金2000万円に上乗せして自己資本を3000万円以上にしたならば、事業を持続化したとみなすことができる。

しかしながら、閲覧者は、銀行Cの場合と同様に、事業者Bのプロジェクトが持続可能かどうかを直接知ることができない。また、このままではまだ事業者Bも閲覧者に対して持続可能かどうかを立証することができていない。この状況では、単にクラウドファンディングで集められた資金がそのまま事業者の自己資本になるだけである。持続可能なプロジェクトだと偽って、仲介業者Dの後押しも手伝って、短期的には社会的インパクト目標を達成するかもしれないが、稼いだ収益は、銀行から融資を受けるほどの実績には及ばず、次期以降の継続的な資金獲得に至らない恐れがある。この場合には、事業を途中であきらめることになり、クラウドファンディングの出資者を大いに落胆させることになる。

このような事業者は、持続的でない社会的インパクトの短期的な達成、若干の収益、そして集めた資金を自分のものとすることによる利益を狙って、事業投資型クラウドファンディングをだまして利用することになる。これを放置していると、持続的なインパクト達成を期待する潜在的な出資者は、だまされたくないので、いずれこのプラットフォームを閲覧しなくなってしまう。

よって、事業投資型クラウドファンディングの仲介業者Dには、このような事態が生じないようにするために、個々のクラウドファンディングの契約内容に、持続可能でないプロジェクトの事業者が参加したくなくなるような、何らかの条項を盛り込む工夫が要求されることになる。この工夫は個々の案件ごとに異なるものであってもよいが、持続可能なプロジェクトの方がそうでないプロジェクトよりも、事業者としてのメリットが高いことを利用することで、以下のように、ある程度一般的な解決方法を提案することができる。

つまり、クラウドファンディングの融資の条件として、実現された収益の一部を事業者が放棄する、という条項を盛り込むのである。こうすることによって、持続的でない事業者はクラウドファンディングを使って次期以降、地方銀行からの融資を受けられる条件をクリアした自己資金を形成できたとしても、それ以上の収益は放棄する約束になっているので、クラウドファンディングの利用に積極的でなくなる。一方、持続可能な社会的アントレプレナーは、収益の一部を手放すデメリットは同じようにあるものの、必要な自己資金と十分な収益性の実績の両方を地方銀行に示すことができるので、事業を持続化する目途が立つため、依然として大きなメリットを得ることができる。つまり、積極的にクラウドファンディングを利用するインセンティブを持ち続けられる。

収益の一部を放棄するということは、具体的には、小口出資者に収益を分配するという条項を契約に付け加えることである。確かに資金提供者は、社会的インパクト目標の達成に加えて、金銭的なベネフィットも得られるので、より出資するインセンティブが高められよう。しかし、もっと重要なことは、この条項が盛り込まれていることが、事業者Bの事業計画が持続可能であることのシグナルになる点にある。そのため、事業に共感した閲覧者は安心して資金提供に応じることができるようになる。また、事業投資型クラウドファンディングという金融システム仲介業自体も、このような工夫を随時怠らないようにすることによって、破綻することなく持続的に運営していくことができる。

例えば、収益のうち80万円（収益が80万円以下の場合は収益全額）を放棄するという条項を盛り込むことを、仲介業者Ｄが事業者Ｂに要求するとしよう。事業者Ｂは収益２００万円を達成できる潜在的に持続可能な事業者であるとしよう。この場合、収益２００万円から80万円を差し引いた１２０万円を自己資本に追加できるので、十分な実績２００万円と十分な自己資本３２０万円の両方の条件をクリアできる。よって、この条項の追加を快く受け入れるだろう。しかし、別のよく似た事業者がいて、収益を70万円しか稼げない、つまり潜在的に持続可能でないとしたならば、この条項を受け入れると自己資本は追加されずに出資金２００万円のままで倒産する羽目になる。２００万円は不要になった調理器具になっていることを考えると、この事業者はこの条項を受け入れることはできず、クラウドファンディングから撤退するだろう。

つまり、この条項を突き付けることで、事業者が真の社会的アントレプレナーか否かを識別可能になる。こうして、持続可能な、真の社会的アントレプレナーである事業者Ｂは、次期以降に晴れて地方銀行Ｃから資金提供を受けられるようになる。

クラウドファンディング・キャンペーンの成功は、事業者Ｂのプロジェクトに潜在的需要があることを可視化してくれる。そのため、事業者Ｂは、単に地方銀行Ｃから融資を受けられるようになるにとどまらず、地域Ａの経済活性化の重要なピースとして社会的に認識されることになる。ならば、自治体や他の民間企業との連携を深めるチャンスも得ることができるに違いない。事業者Bは、創造性の高い社会的アントレプレナーシップを存分に発揮して、パブリックプライベートパートナーシップ（PPP）の強化などといった、より効果的な地域活性化やプロジェクトに事業を発展させることができるかもしれない。地域Aの活性化問題と事業者Bの経営持続化は、クラウドファンディングを通じて全国に知れ渡っているため、地域を超えた影響力も期待できる。

社会的アントレプレナーに向けたこのような新しい金融システムの制度設計は、いわば、埋もれたままのサステナビリティの大義を発見し、地域を超えて全国に送り出すための人材発掘装置になる。

第4章

新しい社会主義

1　グローバルコモンズと国際協力

サステナビリティのためには、個人や企業が倫理的な動機を持つことによってその大義を実現することが大切である。新しい資本主義は、このような倫理的な経済主体が市場を通じてサステナビリティのための社会的責任を果たすことができる社会システムの構想になる。個人や企業が意識的にSDGsに取り組むことが、このシステム構想の新規性を象徴する点だ。それに加えて様々なステークホルダーが関与し、補完的な役割を果たすことにより、より幅広い影響を生み出すことができる。政府と民間とのパートナーシップ、公衆の意識を高める市民社会団体やNGO、技術革新を推進する大学や研究機関、消費者や投資家のボイコット活動や積極的な発言、学校やオンラインプラットフォームが果たす教育と啓発などは、それぞれが異なる角度からサステナビリティの課題に取り組み、相互に補完し合うことで、より大きな効果を生むことになる。

このような新しい資本主義が理想的に機能するならば、このシステムだけでサステナビリティの諸問題を全面的に解決できるかもしれない。しかし、民間が倫理的行動を持続し、政府がそれを適切に支援し、市場の力がサステナビリティを完全に実現させてくれると都合よく考えるのは、あまりに楽観的すぎる。民間の倫理的動機は依然として壊れやすく、政府の社会的責任の及ぶ範囲も依然として限定的である。したがって、資本主義的な市場を使ってサステナビリティを実現させるとするこの構想だけでは不十分である。

確かにこれらの取り組みは地域や国レベルでの効果をもたらすかもしれない。しかし地球規模の問題に真に対処するためには、より広範な協力と調整が必要になる。そのためには、市場以外の別のシステムの構想も併せて考えていかなければならない。

特に国際交渉の成功は、問題解決を方向付ける上で重要な鍵になる。気候変動、生物多様性の保全、国境を越える汚染など、ＳＤＧｓの諸目標に係る多くの課題は国境を越える。よって一国または一企業の取り組みだけでは解決が不可能であり、国際社会全体での合意と協力が不可欠だ。国際交渉が成功すれば、例えば環境保護、労働権、社会的公正などに関するグローバルな基準を設定することができ、技術、知識、資金などの資源がより効率的にグローバルに配分され、さらには異なる国や文化間での相互理解と信頼を構築する機会が提供されることになる。これらは、より長期的で持続的な、未来における協力関係の基盤となる。

国際交渉がうまくいくためには、多くの国や世界市民が自国の利益を超えて、グローバルな利益を優先する意志を持つようになる必要がある。しかしこのプロセスは複雑で時間がかかり、多くの課題に直面することになる。特に気候変動問題においては、複雑で困難なフリーライダー問題が国境を跨《また》いで発生している。よって市場だけではなく、政治的な国際交渉の仕方も様々に工夫することによって、グローバルなCO_2排出削減を一層真摯に検討する必要がある。

この章において、サステナビリティのより徹底した実現のために必要となる新しい国際システム構想として、「新しい社会主義」を提案する。新しい社会主義は、国内の問題解決ではなく、グローバルな問題解決のためのシステムとして、国際秩序を発展させ維持しながら、強制力や報復制裁を極力利用しないで、国際協力を各国から自主的に引き出すことができるように、国際交渉手続きの新しい方法を開発していくものになる。

各世界市民が排出するCO_2は、国境を越えて、世界中に負の外部性を及ぼしている。その影響はさらに将来世代に及び、地球環境の未来に向けた持続的維持を脅かしている。世界市民はこのような世代を超えたグローバルな負の外部性に対して責任が問われることになる。しかしながら、世界市民はこのような社会的責任を十分に認識せず、また認識したとしても十分にはその責任を果たそうとしない。

政府は、理想的には、このような国民の社会的責任の不足を補うべき立場にある。この場合、政府は、民主的な手続きによって国民の意見を政治決定に反映させること以上の社会的責任を負うことになる。政府は、現在生存する国民の福祉を超えて、自国の将来世代の福祉についても社会的責任を負う存在になる。

将来世代の福祉は、現在の政治的決定から強い影響を受ける。その最たる例が気候変動リスクであり、またＳＤＧｓの目標の多くもこのことに深く関係する。そのため、現存する自国民は自身の子孫の福祉について責任があるが、この認識が不十分である場合、政府はこれを超えてさらに高いレベルの責任を果たすことも求められよう。

問題は、将来世代は、現在の決定からの影響を受けるにもかかわらず、現存していないがために、直接政治的決定のプロセスに参加できない無力な存在だということにある。よって政府には、将来世代の便益を代弁する代表機関の意見を政治決定に取り入れることが要請される。このような代表機関は十分な信頼と専門的知識を持ち合わせていなければいけない。場合によっては、将来世代を代表するＡＩロボットが現在の国民とともに政治参加できる仮想的な仕組みも、もはやサイエンスフィクションの域を超えた提案になっていくかもしれない。

環境責任について言うならば、CO_2排出に課される炭素税をどの水準に設定するかについて、純粋に利己的な国民であれば、かなり低い水準しか希望されないだろう。しかしそれでも、国家は将来世代という参加できない選挙民や地球環境への影響を政治的決定に反映させなければいけない。政府には、国民に対して十分に説明責任を果たした上で、現存する国民が希望する水準よりも高い炭素税を設定することが望まれる。言うまでもないが、これは困難な作業である。

さらに重要なことには、気候変動のようなグローバルコモンズの問題においては、各国の市民が他国へ及ぼす影響についても、何らかの仕方で考慮されなければならない。政府は他国に対して社会的責任を負うことが原理的には求められよう。しかし、以下のように、この責任の在り方は、将来世代や未来の地球環境に対する責任とは本質的に異なる意味合いを持つ。現在の他国民はすでに政治的決定に自国において参加している。彼らはまた、自国の将来世代や地球環境を考慮している。そのため、何よりもまず他国の主権、他国民の主権を尊重するということが、他国民に対する一義的な社会的責任とされるべきである。

例えば、他国に不満があり、他国に対して制裁措置を講じたい場合には、他国の主権保護という社会的責任においてその制裁は適切なものかどうかが、まず問われなければならない。同じ理由により、自国民や自国の将来世代とともに、他国民の福祉についても同じような力量で社会的責任を負うと考えることは説得的でない。よって、各国は、他国の主権を尊重するがために、自国の環境税の設定水準について他国の福祉を考慮しない、というスタンスが正当化される。

このことは、気候変動におけるCO_2排出削減において、グローバルコモンズ特有のフリーライダー問題を発生させることになる。世界市民が排出するCO_2の影響が世界全体に及ぶにもかかわらず、各国はその影響の自国分しか考慮しないのだ。自国民と自国の将来世代を十分に考慮してCO_2排出削減策を講じたとしても、他国への影響は同じようには内部化しないため、このままではコモンズの悲劇はグローバルには解消されない。

このように国家間でコモンズの悲劇が発生しているのが、グローバルコモンズ固有の特徴になる。新しい社会主義は、このようなグローバルコモンズ特有のフリーライダー問題の解決のための国際システム構想になる。この問題の解決はローカルなレベルでのコモンズの悲劇の解決よりも格段に難しい。その理由の一端は、国家間の問題を統治するような、権力のある世界政府が存在しないことにもある。

世界政府は、異なる国家や文化を超越して地球全体を統治する政治組織を指す。確かに世界政府は、戦争の終結、永続的な平和、グローバルな課題への効果的な対応などを実現する理想的な理念として、アルベルト・アインシュタインのような一部の有識者から提唱されることがあった。しかしそれは現実的な理念ではない。主権の喪失、文化的多様性の脅威、中央集権化による権力の乱用など、多くの災いを引き起こしかねないからだ。

そのため、国連のような、世界中の国が参加する国際機関が、権力ではなく道徳的権威をもつようにして、国際秩序を発展させ維持していく方向性が重要になる。権力的な世界政府ではなく、国連のような国際機関が、知識、専門性、道徳的品位に基づいて、世界市民に自発的に従うように権威付けられることが、現実的な理想とされる。

国連には、自らが掲げるSDGsによって示されるサステナビリティの理想を目指して、異なる文化や国家間の共通の価値や目標に基づいて、持続可能な開発、人権の保護、平和の促進をその権威によって推進していくことが強く希望される。例えば、定期的に世界中の国々や市民が自発的に参加して、気候変動問題について国際交渉する場所を提供し続けることが期待される。

実際国連は、気候変動枠組条約（FCCC）の締約国による締約国会議（COP）を年次開催して、気候変動に関する国際交渉を継続的に行っている。COPでは、あらかじめ交渉の手続きについて国際合意がなされ、その手続きにしたがってCO_2排出削減についての世界目標値と国別の負担割り当てが協議される。

しかしCOPには強制力がないため、国別の負担割り当てについては、国家主権を保護する観点から、その国の自主性にゆだねるしかない。したがって、各国が高いレベルのCO_2削減負担を買って出るような行動規範が自然発生すること、つまり国際社会に「暗黙の協調」が芽生えて、それがうまく機能し持続していくことに期待せざるを得ない。

2　暗黙の協調

暗黙の協調とは、利害が一致していない者同士が長期的な関係にあることを利用して、持ちつ持たれつの信頼関係が誰からも強制されることなく自主的に維持されている状態のことである。確かに世界中の国々は、同じ地球に住んでいて、気候変動問題以外にも経済や文化など様々な側面で、長期にわたって相互依存している関係にある。このことから、国際社会では暗黙の協調の論理が当てはまるための最低限の条件はみたされている。しかし実際には、30年以上にわたるCOPにおける国際合意の成果は極めて限定的であり、暗黙の協調は成立していない。

暗黙の協調が国際的に成立していたとされる歴史的な事例として、中世ヨーロッパのマグリビ商人による地中海交易が知られている。マグリビ商人は、国境を跨いだ取引を仲介する業者が不正を働いた場合に、その不正事実についての情報を集団で共有する仕組みを作った。これによって、不正を働いた業者を村八分にすることができるようになった。このことが抑止力となって、仲介業者から不正をするインセンティブを排除することに成功したとされている。世界政府が存在しないにもかかわらず、暗黙の協調によって、国境を越えた取引を安全に行うことができたというわけだ。

他にも、例えばやはり中世ヨーロッパのシャンパーニュ大市において、取引のための法手続きを代行する業務が営利的なビジネスとして行われ、代行業者の実績によって評判が形成される仕組みが暗黙の協調として機能していたとされている。日本においても、江戸時代に株仲間という集団が、取引の不正者を村八分によって排除する仕組みによって、遠隔取引を安全に行うことができていた。これも暗黙の協調の重要な事例と考えられている。

これらの事例はどれも、不正を働くと村八分になることが抑止力となり、自主的に協力するインセンティブが生み出されるという論理によって支えられている。

歴史的事例から、暗黙の協調は強制力に代わる役目をなすので、気候変動問題にも同じように適用できるのではないかと期待が膨らむ。そしてこの期待に拍車をかけているのが、ゲーム理論によって研究されてきた繰り返しゲームである。

繰り返しゲームの研究においては、「フォーク定理」と称される様々な理論仮説が、形式論理的に証明されてきた。フォーク定理とは、複数のプレーヤー(経済主体)が利害関係にある場合、一回限りであれば非協力的な帰結にしか至らないが、繰り返し長期的に関係していれば、非協力的な帰結を回避したい思いが抑止力となって、協力状態を自己実現的に達成できる状況も成立しうるとする、形式論理上の性質のことである。

例えば、二人のプレーヤー(私と相手)が囚人のジレンマに直面しているとしよう。囚人のジレンマでは、相手が協調行動をとると私に便益がもたらされるが、私自身が協調行動を選ぶと私には便益でなく損失が発生する。これは、相手には協調を期待したいが、私は協調したくないという、フリーライダー問題の本質をよく捉えている。

しかし、この二人が囚人のジレンマに繰り返し直面しているならば、例えばトリガー戦略という行動の長期計画をたてて、「二人が協調行動をとり続ける限り次期も協調行動をとる」、「いったん協調行動が途切れると次期以降は双方ともに非協調行動をとり続け、元のジレンマに陥る」という戦略パターンを採用することが、ナッシュ均衡(個人のインセンティブの観点から自主的に安定して選択される行動パターンのこと)になることを証明することができる。囚人のジレンマの一回限りの状況において起こる非協調を避けたい思いが抑止力になって、お互いに協力を続けようとするよい関係性が、誰からも強制されずに、慣習的に成立可能になるのである。

フォーク定理は、囚人のジレンマに限らず、多種多様な繰り返しゲームにおいて広く成立する強力な性質である。そのため、フォーク定理は、暗黙の協調が原理的には多くのケースにおいて実現可能であることを証明した大定理群であると評価できる。

しかし残念ながら、少なくとも気候変動問題においては、その安易な楽観論をそのまま実装することはできそうもない。なぜなら、マグリビ商人に代表される歴史的事例は、フォーク定理のような形式論理だけでは見逃してしまうような多くの別の、社会的、文化的、歴史的特徴に支えられているからだ。それらは気候変動問題には当てはめにくい特徴ばかりだ。

例えば、マグリビ商人による取引と、CO_2削減を目指す国際交渉の間には、取引や交渉がなぜ暗黙の協調によって円滑に進むのか、または進まないのかを理解する鍵となる多くの違いがある。マグリビ商人による取引は、比較的小規模な個々の商取引で成り立っていた。しかし、CO_2排出削減のための国際交渉は、世界中の国々が随時関与して、地球規模の問題に対処する必要がある。そのため扱われる問題ははるかに複雑で規模が大きい。

そして、特に留意するべきは、地中海の取引は、国は異なれども類似した文化的背景を持つ商人の間で行われることが多い点だ。そのため、相互理解と信頼が築きやすかったに違いない。しかし、COPにおける国際交渉は、非常に多様な経済的、文化的、政治的背景を持つ国々が関与するため、現状において共通の基盤を見つけるのがとても困難になっている。

また、村八分や制裁措置の論理をそのまま気候変動問題に適用することはできない。村八分や制裁措置は、小規模なコミュニティや比較的均質な価値観を共有するグループ内では効果的に機能する余地があるのかもしれない。しかし、現代の気候変動のようなグローバルな問題では、多様な価値観、経済状況、政治体制を持つ国々が関与し、相互に尊重されなければならないため、当てはめにくい。

このような違いは、なぜマグリビ商人のような暗黙の協調による円滑な取引が、国際的な環境問題の解決に適用できないのかについての説明の一端を示している。国際社会では、村八分や制裁ではなく、正のインセンティブを用いたり、共通の目標に向けた協力の枠組みを強化したりすることなどを通じて、別の仕方で協調を促すことも考えなければいけない。

COPは、このような暗黙の協調が成立することを漠然と期待してスタートしたのではないかと思われる。確かに年次開催して継続性を保つことで、暗黙の協調が成立するための最低限の環境は整えられている。世界のほとんどの国が参加する体制作りも怠らなかった。しかし、暗黙の協調が成立するための他の条件については十分ではなかった。

そのため、この不十分さを何らかの別の仕方によって補う必要がある。COPには、交渉手続きの設定をもっと工夫するなどして、暗黙の協調以外に、自主的な国際協力を引き出すための別の制度的工夫を考えることも必要になるはずだ。

3　プレッジ・レビュー・アプローチと気候クラブ

現状におけるCOPの交渉手続きはプレッジ・レビュー・アプローチと呼ばれ、以下のように設定されている。それは、国家主権厳守の下で国際合意を成立させたいという思いから生まれたアプローチであり、一見無難そうだが、実は問題をはらんでいる。

各国は世界全体でのCO_2削減目標に合意する。これは専門的な知見を反映したものであり、ここには各国が自国の利益を超えて、大義を持って社会的責任を果たそうとすることが見て取れる。次に、各国は自発的に自国の削減負担を表明して、その実行を約束する。約束した削減量を実際に実行したかどうかは、とても困難ではあるけれども、できる限り正確に国際的に監視されるものとした。このように設定されたプレッジ・レビュー・アプローチは、今日に至るまでCOPにおいて継続されている。

残念なことに、プレッジ・レビュー・アプローチは、各国が約束した削減量が実行されなかった場合にどのような罰則が科されるのか、十分なレベルの約束をしなかった場合に何らかの制裁や損失が科されるのか、といった各国のインセンティブについては明確にしなかった。国家主権を尊重するという制約下においても、依然として効果的な抑止力となるものはいったい何か。これについて満足のいく答えを用意していなかったのである。

実際、各国が削減負担に協力する約束を意思表示しない、あるいはいったん約束をしても後になって撤回する、といったケースが顕著に起きた。国際的に合意し約束をしておきながら、断りもなくそれを破るケースも起きてしまった。つまり、プレッジ・レビュー・アプローチでは、削減負担に非協力的な国に対する抑止力は機能していない。

このことから、気候変動のテーマでノーベル経済学賞を受賞したウィリアム・ノードハウスなどの経済学者は、国家主権厳守の方針をあきらめて、「気候クラブ」という追加的なアプローチを採用することを提唱している。しかしサステナビリティの視点に立つと、これはいい提案ではない。

価値観を共有する有力国、主に先進国が中心となって気候クラブを設立し、クラブ内で世界全体の削減目標を決め、気候クラブに加盟している国もそうでない国も含め全ての国に対して、用意された削減負担割り当て量を要求する。もし要求に従わなかった場合には経済制裁を加えたり、経済援助を削減したりすることで報復する。気候クラブは、これらを国際秩序の許容範囲を拡大して実施できるように国際システムを変えよう、という提案だ。

このような経済制裁の論理はすでに部分的に採用されている。それは、炭素国境調整メカニズム（Carbon Border Adjustment Mechanism, CBAM）と呼ばれている。ＣＢＡＭは、「炭素リーケージ」と呼ばれるインセンティブ問題に対処するための抑止措置である。排出削減の取り組みに国家間で隔たりがある場合、取り組みに積極的な国からそうでない国に生産拠点が移される可能性がある。この現象を炭素リーケージと呼ぶ。炭素リーケージの発生は、排出削減に非協力的であることの新たなメリットを提供することとなり、ただ乗り行為を加速化してしまうとされている。ＣＢＡＭは、非協力国からの輸入品に個別に関税をかけて、炭素リーケージに対抗できるように協力国同士が団結する方法なのである。

気候クラブは、CBAMのアイデアをもっと徹底させることによって、削減に協力しないことによるメリット全体を一掃しようというアプローチになる。

気候クラブのような包括的な報復制裁の仕組みは、世界市民が気候変動問題の解決にメリットを感じていない状況においても、CO_2排出削減に効果があるかもしれない。つまり、世界市民は将来世代に関心がなく現状維持で差し支えないと感じていてもかまわないのだ。CO_2排出削減に協力しない国は他国に報復される。報復することに協力しない国も他国に報復される。報復することに協力しない国を報復することに協力しない国もまた他国に報復される。このような報復の連鎖によって、CO_2排出削減をグローバルに達成させるのである。なお、このような報復の連鎖構造は、繰り返しゲームにおけるフォーク定理の証明においては、各プレーヤーが特定の社会的目的に自主的に協力するインセンティブを持つための論理上の刑法の役割をなしており、ゲーム理論の研究者の間では広く知られているからくりだ。

今日に至る国家主権厳守の体制は「ウェストファリア体制」とも呼ばれ、ヨーロッパでの30年戦争という悲劇を教訓にして、西洋において定められた国際法の基本型である。それは、各国が本来持っている主権を侵害するような対外的行為は慎むべきだという理念である。相手の主権を脅かす行為や要求は、国際紛争の火種になりかねないので、強い制限が課されることが必要だとされる。

気候クラブは、ウェストファリア体制の理想に対する挑戦であり、気候クラブの提案者もこのことを「ウェストファリア・ジレンマ」と呼んでよく認識している。確かにウェストファリア体制は現実的には綱渡り状態であり、紛争の火は絶えない。ならばこれをかたくなに維持しようとするよりも、早く見切りをつけて、もっと現実に即したアプローチを理性的に進めようという提案なのだ。

しかし、国力の差が経済制裁の効果に顕著な差となって現れる危険性など、国家間で不平等が促進され、直接的にも間接的にも、新たな紛争の火種になりかねない。つまり、気候クラブはサステナビリティに反するアプローチなのである。サステナビリティの視点に立てば、他国への制裁行為は、仮に他国が先に仕掛けた不当な行為に対する報復措置だという理由があったとしても、正当化されてはならない。これは、すでに起きかけている紛争の火に油を注ぐ以外の何物でもない。

本章は、気候クラブのような案を退けて、現実をかなり抽象化した上で、サステナブルな代替的方法がどのようなものになるかを説明していく。それは、暗黙の協調を限定的に利用しながら、ＣＯＰの交渉手続きを抜本的に改正して、世界の国々を、あるいは世界市民を、対立や競争ではなく、国際協力に駆り立てる方法であり、新しい社会主義の原案になる。

4 国際秩序

気候変動問題は、暗黙の協調だけに頼って全面的に解決できるような単純な問題ではない。その主要な理由は、国際社会全体で共有される価値観には限りがあることだ。しかしながら、国際社会では、不安定ながらも国際秩序が維持される努力がなされてきたという経緯がある。そのため、気候変動問題もまた、国際秩序のわずかな可能性を尊重し、それを発展させ維持し続け、有効利用しつつ、問題解決の糸口を探していく努力を真摯に続けていくべきである。

まずは、気候変動問題の解決に必要となる国際秩序を具体的にどのように定義すればいいか、という問いから始めよう。国際秩序を定義する際の基本要件は、国家主権厳守とその維持である。つまり、各国にもともと備わっている権利を極力侵害しないということである。しかし実際には、各国は他国にかなり強い外部性の影響を随時及ぼしていることも事実である。例えば、CO_2排出削減をしないのはその国の自由かもしれないが、他国への影響がある以上無思慮には許容できない。一方、他国への制裁はそれ自体その国の権利や裁量下で行われるのかもしれないが、強制力や権力の代用手段としてみるならば、やはり無思慮には容認できない。このように、国家主権厳守は厳密には捉えにくい概念である。

そのため、ここでは主に、国際的な約束や交渉手続きの順守といった、国際交渉のために必要となる行動が新たに追加されていることに着目しよう。そしてこの新しい行動と、主権の範囲内に元々あった行動との折り合いをどうつけたらいいかを検討するとしよう。この検討において、国際秩序を、以下の三つの条件として定義するとしたい。

1　国際社会における約束の厳守
2　約束の強要の排除
3　約束の変更の自由

国際交渉の場において約束したことは守らなければならない。しかし他国から約束内容を強要されることからは逃れられる。そして、いったん約束をしたが、守ることができないとわかったら撤回することができる。これらは世界市民が共有できる最低ラインの価値観である。このように定義された国際秩序の維持によって国家主権の厳守と国際合意の間の整合性を保つことができる。

現実の国際関係においては、国家が互いに誠実に行動することが期待され、これには、偽りのない交渉、公正な情報の共有、信頼を築くための努力などが含まれる。国家は、国際条約や合意を締結した場合、それを守る義務を負う。国家は、実現可能で現実的な約束や合意にのみコミットすることが重要であり、国内の政治的、経済的、社会的能力を十分考慮する必要がある。よって、現実的な国際社会において、国家は嘘をつかず、約束を守り、現実的で実現可能な約束以外は要求されないというのが基本的な規範である。これらが守られることが国際秩序の最低ラインと考えられる。これは上述した国際秩序の定義そのものである。

もしこのような国際秩序が破られるならば、つまり、約束を変更せずに破るとか、他国から約束を強要されるとかいった場合、この悪しき状況が継続され深刻化するようであれば、もはや国際秩序は維持できなくなり、世界平和が脅かされることになる。この脅威が国際秩序を破ることに対する抑止力になると考えるならば、この国際秩序はグローバルな暗黙の協調によって支えられると言っていいだろう。

しかし、暗黙の協調を有効利用できる範囲は現状においてはせいぜいここまでだ。国際交渉が実りのある帰結をもたらすには、このような最低ラインの国際秩序を利用することに加えて、現状におけるプレッジ・レビュー・アプローチをやめて、それに代わるもっと効果的な、国際秩序とのシナジー効果を生み出すことができるような、新しい交渉手続きを発案し、採用することが必要だ。

5　量から税へ

プレッジ・レビュー・アプローチに則って、国連のCOPは長きにわたってCO_2排出量あるいはその削減量の国家間の割り当てを巡る国際交渉を続けてきた。一般に、一定のCO_2の排出を許可する権利(排出枠)の数量を割り当てる方法としては、オークション方式とグランドファーザー方式が代表的である。オークション方式では、排出削減のため、あらかじめ限定された数量の排出権が競売にかけられ、入札者(この場合では各国)は排出権を、競争を通じて購入する。この方法の利点は、排出権の価格がオークション市場において決定されることによって、公平かつ透明性のある仕方で、経済効率的に排出権が配分される点だ。

しかし、主催者である国連には、入札収入が発生することで新たな問題が生じる。つまり、この収入を各国にどのように再分配するかが問題になる。この再分配のルールが明確に設定されないことには、オークション自体が成立しえない。

国連は排出枠の所有権を持っているわけではないので、排出枠の売り手ではなく、あくまで代行機関であり、入札収入を受け取る権利もない。そのため何らかの再分配のルールにあらかじめ国際合意しておくことが不可欠になる。しかし、再分配のルールをいかに設定するかはハードルの高い難題であり、国家間の対立案件になる。よって、ＣＯＰがオークション方式をすんなり採用すると考えることは、あまり現実的でない。

グランドファーザー方式は、入札のような競争的方法ではないルールに基づいて排出権を配分するやり方で、国連のような強制力がないケースにおいては、主に各国の過去の排出実績に基づいて排出権が割り当てられることになる。この方式では、過去に多くの排出を行ってきた国や企業が、より多くの排出権を割り当てられる傾向になる。新規参入者が不利になるという批判や、過去の高排出が報奨される形になるという問題点が指摘されている。よって、グランドファーザー方式も、全体としては採用するにはかなり困難が伴う。合意した世界目標の何パーセントをどの国が負担するかをグランドファーザー方式で決めることで、各国の潜在的な利害対立が露呈し、負担の押し付け合いになりそうだ。

このような事情から、ＣＯＰはどちらの方式も採用できず、結果的に自主約束に基づくプレッジ・レビュー・アプローチに固執している。

プレッジ・レビュー・アプローチには、もうひとつ別の追加的な制度的枠組みが想定されていた。それは、国際的な排出権取引市場(キャップ・トレード制度)の設立である。自主約束に基づく排出制限では、負担の配分が国際的に効率的になる保証がない。そのため、排出権の初期割り当ての後に、国際的な市場を通じて再配分される仕組みが必要になると考えられた。

しかし困ったことには、このようなグローバルな排出権取引市場では売却利益を稼ぐことができるため、各国がCOPにおいて排出枠を必要以上に要求するインセンティブを誘発してしまう恐れがある。このことは、国際交渉の失敗を回避したい状況において、まさしく火に油を注ぐことになる。

確かに国内や地域レベルなど、範囲が限定されている場合には、排出権の割り当てが円滑に行われる可能性が高いように思われる。ローカルな排出権取引市場に対しては、効率化を促進する効果が期待できるのかもしれない。しかし、国際市場にまでそれが拡張されると、結果的に生じる市場での転売機会の拡大が、排出権の初期割り当てを巡る国際交渉をより困難にする、といった国際的なジレンマに陥ることになる。

このように、プレッジ・レビュー・アプローチに固執する限り、気候変動問題の解決の糸口をつかむことはとても難しい。

多くの経済学者は、プレッジ・レビュー・アプローチを批判する際に、排出削減負担量（あるいは排出枠）の割り当てではなく、「世界共通の炭素税」の合意形成に交渉のターゲットを変更するべきだと主張している。私もこの主張に賛成だ。なぜなら、この変更によって、現状におけるCOPの袋小路状況が劇的に改善される可能性があるからだ。

この変更によって、交渉手続きを問題解決に導きやすい形式に再設計することができる。世界全体の削減量に合意する際に、世界共通の炭素税水準にまず合意し、そして全ての国がこの税水準を自国の炭素税水準とすることに約束してくれることは、削減負担割り当ての押し付け合いを解消することよりも実現が容易だ。

具体的には、まず各国が自国内の炭素税水準の許容できる範囲、つまり上限値をCOPに表明する。そして、ここが変更の主要ポイントになるのだが、COPは表明された炭素税上限水準をそのまま約束させるのではないとするのである。

COPはその具体的な交渉手続き方法として「約束ルール」、つまり各国に対して炭素税の約束水準をどのように決めるかについて事前に工夫を凝らしたルールを設定し、そのルールにあらかじめ国際合意しておく。この際、各国には、各々が表明した上限を超える炭素税を約束させないとする。この要請は国家主権保護に対応している。このように、表明内容を約束と乖離させる何らかの約束ルールの設定によって、フリーライダー問題の解決の糸口を見つけていくのである。

表明された上限をそのまま約束とする限り、フリーライダー問題は依然として解決されない。この場合、利己的な国は自国の炭素税の表明値をゼロにして、フリーライドしたがるからだ。しかし、以下のような、「満場一致型」約束ルールを採用するならば、この非協力的な状況が一変することになる。

つまり、各国に対して、表明された炭素税上限値の一番低い値を共通に約束させるのである。上限の最低値であれば、全ての国の上限の範囲内に収まっていることになる。よって、国家主権は保護されることになる。このように定義された満場一致型約束ルールを採用すれば、以下のように、各国はフリーライドをやめて、世界共通の炭素税目標値を自発的に約束したくなると合理的には予想される。

仮に、全ての国が炭素税の世界目標値を一律に表明したとしよう。この時、満場一致型約束ルールにしたがって、この世界目標値は満場一致で採択されることになり、全ての国はこれを約束することになる。重要な点は、この時どの国も表明した炭素税水準を変更し下げようとはしないことにある。なぜなら、満場一致型のため、表明値を下げると、自国のみならず他の全ての国の約束水準も同時に引き下げられてしまうからだ。その結果、世界全体の削減量も十分に下がることとなり、その災いは自身に降りかかってくる。つまり、他国への負の外部性効果が内部化されることになる。このことが抑止力となって、全ての国が世界目標値を自主約束するインセンティブを持つようになる。

逆に、どの国も非協力的で世界目標値に達しない低い水準しか表明していない状況を考えてみよう。この時ある国が世界目標値に表明内容を引き上げたとする。満場一致型約束ルールにおいては、依然として表明された上限の最低値が約束水準に定められるため、この勇敢な国は実際にはこの時点ではまだ負担増にならない。しかし、このような協力的な、しかし無傷の表明変更によって、他国もまたそれに追随し、結果的には全ての国が世界目標値を表明する状況に行き着くのである。一国を残して全てが世界目標を表明する状況になると、残された国は、自身が世界目標値に表明を変更すれば、全ての国が一律に世界目標値を約束しそれを実行するようになることに気付くだろう。ならば喜んで上限を引き上げるに相違ない。

こうして、全ての国が炭素税の世界目標値を一律に約束し実行することが合理的になる。このことはゲーム理論的にも、事実上唯一のナッシュ均衡として支持される。

6　不測の事態への耐性

世界市民は自国が約束した炭素税（炭素価格）を支払えばいくらでも自国（政府）から排出枠を購入することができる。購入したけれども不要になった排出枠は、自国が約束した炭素税の還付として自国に売却することができる。ただし異なる炭素価格で他国に売ることは禁じられなければいけない。つまり、グローバルな排出権取引市場は禁じられなければならない。

開発途上国では、世界共通の炭素税の支払いが国民の重い負担になるのではないかと懸念されるかもしれない。しかしそうとは必ずしもいえない。支払額はそのまま自国の国庫収入に収まるからだ。この収入は、インセンティブを損なわない仕方をうまく工夫することで、問題なく国民に再分配できる。

炭素税の世界目標値水準は、景気変動にあまり影響を受けない。そのため、世界市民は、炭素税水準の変動リスクをあまり気にせずに、景気に応じて排出枠の必要購入量を臨機応変に増減させることができる。気候変動問題に関係するのは排出量のフローではなく、主に過去から蓄積されてきた排出量のストックだ。景気の変動による総排出量の一時的な増減は、長期的な目標達成にはあまり影響を与えないはずだ。つまり、数量から価格（税）に交渉ターゲットを変更すると、気候変動対策が経済活動に与える影響を小さく留めることもできる。

このように炭素税を中心とした交渉手続きの改定にはメリットがとても多い。そのため、実際にCOPに対してこの改定は提案されてきたようだ。しかし実際には合意に至らず、気候クラブのような、平和的でないアプローチを考慮せざるを得ない状況にさえなっている。

いったい合意に至らない理由は何なのか。理由は様々であろうが、中でも特に、満場一致型約束ルールが不測の事態に対処できないことが本質的な理由であり、炭素税（炭素価格）への移行を躊躇させてきた主要因である。この要因の除去は、削減量から炭素税への交渉ターゲットの移行の成功ために克服しなければいけない優先課題である。

満場一致型約束ルールでは、各国が常に気候変動問題を心配し、グローバルなフリーライダー問題を正しく認識し、国際秩序を守ることを大事と考え、合理的に判断することを前提としている。この前提が崩れると、いずれかの国は高水準の炭素税を約束しなくなったり、約束を破ったりすることが起こる。その際には他の全ての国も低い水準の炭素税しか実行しなくなるので、グローバルなCO²排出削減に失敗することになる。

各国には、国内に特別な事情が発生するなどの理由で、国際協力に消極的になる可能性、つまり不測の事態の発生が常にあると考えるべきだ。しかし満場一致型約束ルールでは、このような不測の事態においては、全ての国の炭素税が一律に引き下げられてしまう。そのため、このような問題を抱えた国がその消極的な態度を改めてくれない限り、世界全体でCO_2の排出が長期にわたって削減されないことになる。

また、国際秩序に従わない、いわゆる「ならず者国家」が出現する恐れも、常に存在していると考えるべきだ。ならず者国家は国際社会における約束を無断で、平気で破ってしまう。挙句は国際秩序自体が維持できなくなり、国際交渉がよりどころとする暗黙の協調自体が無効になってしまう。国際交渉においては、国際秩序、そして暗黙の協調自体が崩れてしまうような非常事態が発生する可能性も、常に念頭に置かなければいけない。ならず者国家が出現すると、満場一致型約束ルールの下では、その他のまともな国のインセンティブに悪影響が及んでしまう。つまり、まともな国を含む全ての国が高水準の炭素税を約束するインセンティブを失い、ならず者国家が悔い改める日が来るまでは、CO_2排出削減が長期にわたってストップしてしまう。

上述した不測の事態のどちらかでも発生してしまうと、全ての国が士気を失ってしまい、ナッシュ均衡が描くような、合理的でありかつ慣習的な解決は説得力を持たなくなる。

多くの世界市民は不測の事態が頻繁に起こると認識している。不測の事態に対する耐性がないため、満場一致型約束ルールはそのままでは機能しそうもない。よって、満場一致型約束ルールは、削減量から炭素税へ国際交渉のターゲットを移行させることに十分な説得力を与えてくれない。

この状況を打開するためには、世界市民に気候変動問題の重要性を認識してもらう努力を一層続けるとともに、満場一致型に代わる新しい約束ルールを発案して、不測の事態にも対処できる可能性を地道に開拓していくことが望まれる。不測の事態が起きても、残された国が依然としてCO_2排出削減に積極的であり続け、同時に問題のある国に協力的態度に転じるチャンスを与え続ける。そんな気持ちの優しい約束ルールの新提案が望まれる。

上述した不測の事態への対処を巡る論点は、オストロムが示した、コモンズの悲劇を解決するために要求されるべき8つの原則と深く関係している。特にオストロムの原則5（段階的な制裁）は、違反者を迂闊に排除したり村八分にしたりせず、ルールの重要性をよく理解させ、国際交渉の場に復帰する機会を与えることを重視している。これは満場一致型約束ルールに問題があることを端的に指摘するものである。

オストロムは、コミュニティのメンバーがコモンズの管理においてルールを破る可能性が常に存在するという現実を受け入れている。オストロムは、こうした違反が発生した際に、コミュニティがどのように対処するかが、コモンズの管理において重要になることを強調する。原則5を通じて、違反の度合いに応じた柔軟かつ公正な対応が提唱されており、違反者に改善する機会を提供し、コミュニティにいずれ再統合されるようにプロセスを設計することが重視される。

オストロムは、協調が自然に生じるとは限らないし、違反が発生することもあるという現実に向き合っている。よって、違反が発生した場合にどのように対処するかについての具体的な方法を、制度設計に盛り込まなければいけないことを強調している。このことを踏まえ、様々な不測の事態に対処できるように、満場一致型に代わる新しい約束ルールの素案を、以下に示したいと思う。それは新しい社会主義の構想を具現化するものである。

7　新たな提案：新しい社会主義

新しい約束ルールを、以下のような仮想的な状況に限定して提案したい。各世界市民は、定常状態においては、気候変動問題の重大さとそれに対する社会的責任を十分に理解している。

各世界市民は、自身のみならず自国民全体への環境負荷も考慮して経済活動を行っている。（そのため各国政府は、自国民の理解を超えてまで社会的責任を果たす必要はない。）しかし各世界市民は、他国民に及ぼす環境負荷の影響までは考慮しないため、グローバルなフリーライダー問題に悩まされており、国連（COP）において炭素税に国際合意することを必要としている。この場合の各国政府の主要な役割は、強制力のないCOPに代わって自国民から炭素税を徴収することである。

COPは各世界市民に、自分自身が支払いを約束できる炭素税の上限を表明させる。つまり、COPと世界市民の一人一人が、直接的にコミュニケーションできる環境にある。各国政府は炭素税を自国民から徴収するとともに、COPと市民の便宜を図る仲介役を務める。

以上の状況設定において、新しい約束ルールは、世界市民の主権保護の条件下で、以下のように設計される。

各国政府はCOPに対して、自国民の表明内容をまとめた自国民の一律の炭素税の上限を表明するのではなく、自国民から個別に炭素税の上限を聞き出して、国民一人一人の炭素税の上限のリストを表明する。COPは各国の国民に対して一律の炭素税の約束を課すのではなく、世界市民ごとに異なる個別的な炭素税を設定して、それを約束させるとする。

これは手間のかかる作業だろう。非現実的にも思われよう。しかし、情報ネットワーク技術の進展を鑑みると、実現の余地は十分にあると考えていい。

新しい約束ルールの設定のさらなるポイントを要約すると、以下の通りになる。仮に、全世界市民が自発的に、一律に、あらかじめ決められた世界目標値を上限に定めた場合、世界市民全員がその世界目標値を自身に課された炭素税として約束することになる。しかし、もし上限を世界目標値より低く表明する世界市民がいるならば、他の各世界市民は、満場一致型のように上限の最低値を一律に約束するのではなく、自身の表明した上限よりもわずかに低い炭素税を約束すると設定するのである。このような微調整による約束水準の設定によって、上限を高く表明したにもかかわらず実際の約束が極端に低く留められるような、満場一致型において起きていた現象は回避できる。さらに、表明値から約束値までの下げ幅は、小幅ながらも、低い上限表明をした世界市民の人数に応じて弾力的に定められるとする。

私は、このような設計方針にしたがって、新しい約束ルールを具体的に考案した。このルールは、懸案であった不測の事態に対する耐性を備えた提案になる。

世界市民一人一人の気候変動問題に対する貢献は、一国全体と比べると、ごくわずかである。一市民の非協力的態度に転じるフリーライドのメリットは、他の世界市民の約束のわずかな下げ幅による環境ダメージで十分相殺できる程度である。この相殺は、一市民が自国民全員におよぼされる環境ダメージを倫理的に考慮してくれることによって一層確実なものになっている。人口規模の大きい国による自国民を総動員させたフリーライド行為であれば、このような小幅下落によってそのメリットを打ち消すことはできないだろう。国単位から世界市民単位に切り替えたことで生じるインセンティブ上のこのような違いを利用して、下げ幅の低い約束ルールの下でも、世界市民全員が一律に世界目標値を約束する状態を事実上唯一のナッシュ均衡にすることができる。

特に注目するべきは、ルール設計の細部をさらに詰めることによって、非協力的な市民やならず者市民が世界に大勢現れるような不測の事態においても、残りの世界市民の大半が依然として世界目標値を表明するインセンティブを持ち続ける点だ。つまり、不測の事態においても、世界目標値に近い炭素税を大勢が約束してくれる。不測の事態に対する耐性を兼ね備えた約束ルールを設計することは原理的に可能なのだ。このことは、炭素税を交渉ターゲットとするアプローチへ移行する際に懸念されていた不安材料を一掃してくれよう。

例として、世界市民は100億人いるとして、各世界市民に特定の通貨単位で1億単位の炭素税を約束させたいとしよう。満場一致型約束ルールであれば、一人でも0単位を上限とすれば、世界市民は誰も炭素税を課されなくなり、CO_2排出削減に完全に失敗してしまう。しかし新しい約束ルールでは、任意の0から98までの整数Yについて、0単位を上限とする非協力的な世界市民の数が(1億×Y)+1と1億×(Y+1)の間のどこかに位置する場合、残りの世界市民の実際の約束をその表明値よりY+1単位だけ下げると設定される。

例えば、Y=0として、非協力的な世界市民の数が1人から1億人の間であるならば、残りの世界市民の約束値は表明値よりも1単位引き下げられることになる。Y=95として、非協力的な世界市民の数が95億+1人から96億人の間であるならば、残りの世界市民の約束値は表明値よりも96単位引き下げられることになる。

いずれにせよ下げ幅は常に100単位未満である。実行されたい1億単位の炭素税水準に比べれば微々たる下方修正である。よって、新しい約束ルールのもとでは、非協力的な世界市民が大勢いようとも、各世界市民は自身が表明した上限値とさほど違いのない炭素税水準を約束することになる。

重要なインセンティブ上の特徴は、この場合、非協力的な世界市民がさらに増えてちょうど1億×(Y+1)人に達したとしても、これ以上非協力的な世界市民は増えていかない点にある。{1億×(Y+1)}+1人目がさらに0単位に転じれば、残りの1億人以上の世界市民の約束はさらにもう1単位下げられることになる。1億人以上という人口規模は十分大きいため、1単位追加下落によるデメリットも一世界市民を躊躇させるに十分な大きさになる。

例えば、図1に示されるように、Y＝95として、非協力的な世界市民の数が96億人に達して

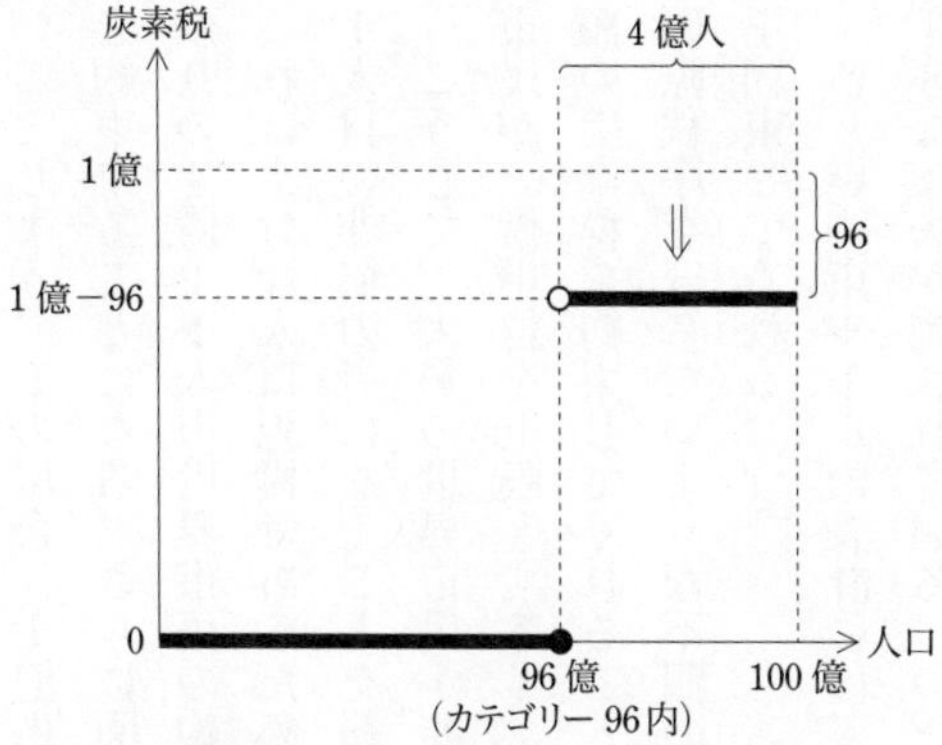

図1：96億人が上限をゼロとする不測の事態(カテゴリー96内)
残りの4億人が1億−96単位の炭素税を約束する．

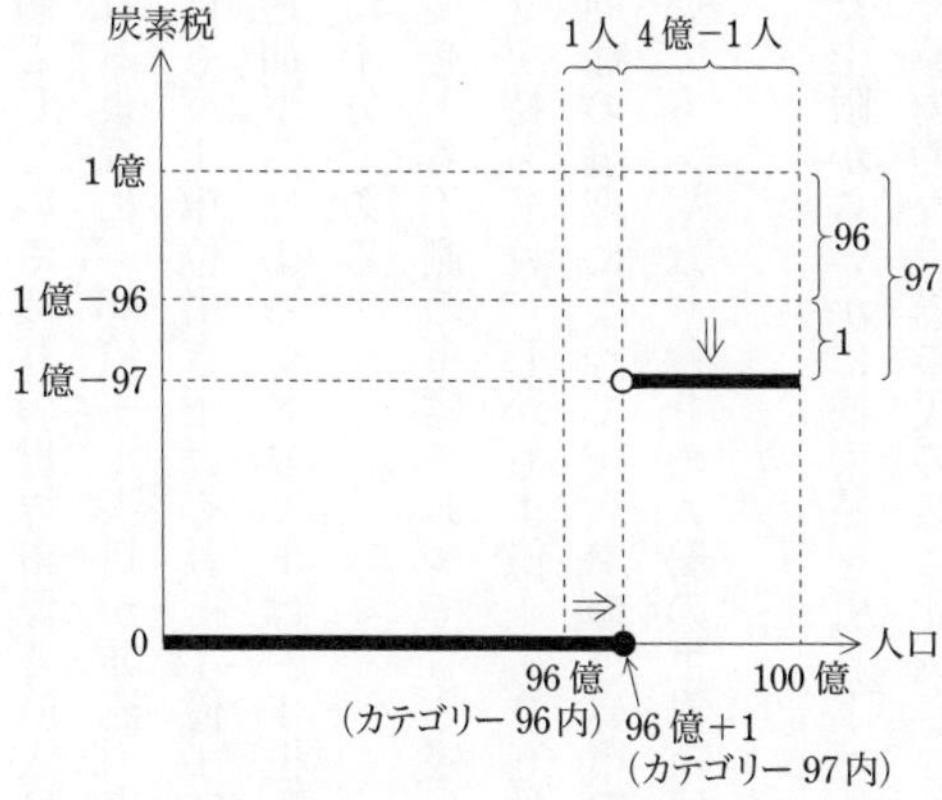

図2：96億＋1人が上限をゼロとする不測の事態(カテゴリー97内)
カテゴリーが1つ上がることにより，残りの4億−1人が1億−97単位の炭素税を約束する．

いるとしよう。この場合、1億単位を上限値としている残りの世界市民4億人は1億－96単位を約束することになる。さらに図2に示されるように、96億＋1人目が非協力者に転じれば、残りの4億－1人の世界市民の約束はさらにもう1単位引き下げられ、1億－97単位になる。これは十分な人口規模であるため、1単位追加下落によるデメリットは、1世界市民に96億＋1人目の非協力者になることを躊躇させるに十分である。

こうして、大勢の世界市民が非協力的態度をとる不測の事態であっても、残りの多数の世界市民が一億単位を上限とするインセンティブを持ち続け、しかも1億－100単位を超える高額の炭素税を約束してくれることになる。同様の論理によって、大勢の世界市民が嘘をついて国際秩序を守らないような不測の事態においても、やはり残りの大勢の世界市民が高い炭素税を約束してくれる。

新しい約束ルールの設計には、表明された上限からいかに約束値を引き下げるかについて、丁寧な工夫が施されている。つまり、単に非協力的な世界市民の数に比例させて下げ幅を増やしているのではない。非協力的な世界市民の数を1億人ごとにカテゴリー化して、カテゴリーが増えるごとに下げ幅を段階的に増やしているのである。このようにして初めて、下げ幅の累積値が大きく拡大していくことを防ぐことができる。

この例では、1億単位の上限表明に対して約束値は最低でも1億－100単位であり、十分に1億に近い値に留められている。しかし、非協力者の追加ごとに1単位ずつ下げていては、約束水準がすぐにゼロに落ちてしまう。そうならないようにカテゴリー化しているのだ。カテゴリーの数は100に抑えられているので、表明値と約束値の差も100以下に抑えられている。それでも不測の事態に対処するには十分な下げ幅になっている。

図1は96番目のカテゴリーに属しているケースである。図2では、1世界市民が追加的に非協力者に転じることによって、カテゴリーが図1よりも1ランク上がり、97番目のカテゴリーに属しているケースになっている。

炭素税の支払いや排出枠の政府からの購入は、税が市民ごとに差別化されているため、煩雑になる恐れがある。これを防ぐため、COPが代表してグローバルなデジタルプラットフォームを設計し、全ての国と市民がこのプラットフォームを使って国とその国民間の排出枠の売買を行うようにするのがよい。例えば、ブロックチェーン技術を使うことによって、改竄されることなく透明性を高めることができるはずだ。これによって、各国や各世界市民が約束を実行しているか、不正な取引をしていないかなどについての国際的な監視をさらに強化できる。

このようなCO$_2$排出削減のグローバルな成功のためには、国ではなく世界市民が、気候変動問題に深く関与し、積極的に世界目標値に合意することがとても大事になる。そのため、世界市民に対して、気候変動問題やサステナビリティについての教育の徹底が不可欠である。国際交渉が成功を収めるためには、国家だけでなく、世界市民の社会的責任が強化されることが大切だ。

政府には、国際社会に対して透明性と対話を積極的に提供することとともに、国民に対してサステナビリティ教育を徹底することが切に求められる。例えば、学校教育において、環境問題や持続可能な開発目標(SDGs)に触れる機会を増やすだけでなく、実際の行動変容につながる教育プログラムと、気候変動の重要性や緊急性を学生に伝えるための具体的なカリキュラムも大切になる。教育を通じて、若者の間で高い意識と行動が見られるようになれば、次には、政府に国民一人一人のよりよき代弁者になることが期待されよう。

さらに特筆するべきは、第2章7節の介護問題においても説明されたように、国民の意識向上には営利企業の役割が非常に重要になることだ。営利企業のサステナビリティの実現に向けた大義が市民に支持されることはすなわち、市民の環境意識の向上を意味している。これは提案された約束ルールが適切に機能することを下支えしてくれる。つまり、新しい資本主義は、新しい社会主義の成功を支援するのである。

8　格差是正とイノベーション

上述した新しい約束ルールによる気候変動問題の解決素案は、先進国、発展途上国の国民の区別なく世界共通の炭素税に合意し、しかも結果的に全ての国が、そして全ての世界市民が自主的にこの共通水準を約束するというシナリオを描くものである。世界共通の炭素税水準が実施されることによって、CO_2の排出枠は世界全体で効率的に配分される。定常的に、CO_2の排出を微小単位増やしたときに得られる限界的な便益が、世界市民の間でちょうど世界共通の炭素税の値に一致する状態が保たれる。

しかし、このような効率性の達成に対し、発展途上国は不平等を感じるかもしれない。つまり、気候変動問題のそもそもの原因は先進国にあるのだから、発展途上国が削減負担を引き受けるのはおかしいと主張するかもしれない。確かに発展途上国は気候変動の直接的な被害者と考えられる節がある。

ならばこの不満に応えるために、発展途上国の炭素税負担を免除するというのは、実はあまりよい対応策にならないのだ。途上国はその結果エネルギー効率の悪い産業や技術に特化することになりかねない。サステナビリティの将来的な実現において、先進国に再び後れを取ってしまう。よって、この主張の受け入れには慎重であるべきであり、もっといい別の対応を模索するべきである。

CO_2排出削減に関連して発生するとされる南北間格差の、最も本質的な要因は、南北間でエネルギーを節約する技術レベルに差があることだ。エネルギー効率の悪い技術を使っていれば、炭素税が上昇すると経済活動に大きな支障を来たすことになる。このことは発展途上国の福祉レベルを大きく下げることになる。世界共通の炭素税の設定水準を、やむなく引き下げる必要性も出てくる。

気候変動問題についての正しい理解の程度の差、技術的な格差、温暖化から受ける被害の差などが、国際社会の非均質化を生む要因である。このことが災いして、十分に高い世界共通の炭素税水準に国際合意できなくなる。他国の被害についての知識を含む、温暖化教育と技術援助の徹底によって、国際社会の均質性を高める努力が大切だ。

「グリーン気候ファンド」を利用することによって南北間の均質化を促進させることができる。格差解消にこのファンドが使われるならば、援助を必要としない先進国は、援助を必要とする途上国への資金援助に対して積極的になりうる。なぜならば、技術や知識が共有されることで格差が是正されると、国際協調が促進され、高い削減目標が達成できるようになり、このことで自国民により高い利益がもたらされるからだ。本章において提示された新しい約束ルールは、南北間格差の問題も、このような仕方で是正する効果がある。

前章で説明された新しい資本主義は、主に限定された地域や国内において、サステナビリティに貢献するための社会システム構想である。

コモンズの悲劇はサステナビリティの諸問題の本質であり、市場の失敗の原因の代表格である。新しい資本主義は、コモンズの問題の多くはいわば「見せかけのコモンズ」の悲劇であり、資本主義的な分権的決定の枠組みの範囲内で、つまりあくまで市場によって解決できる、という考え方である。経済主体が利己的動機を超えて、従来は無視されていたサステナビリティのための大義に従って行動すれば、市場の競争原理をそのまま使って、コモンズにまつわる配分をも効率的に解決できるというのである。

しかし新しい資本主義は、グローバルコモンズに代表される「本物のコモンズ」の悲劇には対処できない。いくら経済主体が倫理的に振舞おうとも、それだけでは限界がある。政府による中央集権的な仕組みを使って、環境税や様々な規制を強化することで、この限界を補おうとしても、その影響の及ぶ範囲にはやはり限界がある。そのため、本章のように、国際交渉によってグローバルコモンズの解決を図るアプローチとして、新しい国際システムを整備することが必要になってくる。

サステナビリティの実現において中心的な役割をなすと考えられるイノベーションの促進については、資本主義的な競争とは異なるタイプの、より協調の論理に基づいたインセンティブが国際社会において機能することになる。

資本主義的なイノベーションは、他者を打ち負かして利益を獲得するという意味での競争によって動機付けられる。サステナビリティのための社会的責任を果たしてくれる優れた製品を開発し、市場において多くの倫理的な消費者や投資家にそれが評価されれば、その企業は営利的な収益を得ることができ、他のライバル企業を駆逐できる。新しいイノベーションの利用を独占的に管理できることが前提となってはじめて、このようなイノベーションの動機を高めることができる。

しかし国際社会において求められるイノベーションはそうではない。このようなイノベーションは、例えば、CO_2の削減効率を高める技術革新のことである。CO_2排出の削減が実際に促進されてはじめてこのイノベーションの価値が現実になる。開発者のもつイノベーションの動機の源泉は、技術の独占にあるのではなく、みんなが使ってくれてCO_2排出が世界規模で削減されることにある。むしろオープンイノベーションを推進していきたいのである。

新しい資本主義では、特許制度などによって、開発された技術が他の企業や他国に無断で使われる可能性を排除することが必要になる。よって、個々の技術革新は世界全体の環境対策のための技術の一律な向上に直接には貢献しない。しかし、強い利潤動機のために世界中で数多くの企業が高い技術革新のインセンティブを持つことになる。そのため、結果的に世界全体の技術向上が実現される。

これに対して、本章における国際システムでは、特許制度のような新しい技術の権利保護が不十分であっても、サステナビリティのためのイノベーションは促進されうる。企業は、自身が開発した技術を他の企業や他国に広く使ってもらい、世界全体の環境対策のための技術向上という公共の利益に直接的に貢献することを目指す。これによって、結果的には自らも大きな環境メリットを得ることができる。グローバルな公共の利益への直接的な貢献の可能性が企業に技術革新のインセンティブをもたらし、結果的に開発者の利益につながる。

本章で議論された、約束ルールをベースとする国際システムでは、世界市民がより一層協調することができる社会環境の整備が提唱される。よって、気候変動問題のための技術革新の恩恵が世界全体に行き渡るようにする。誰がその技術革新を推し進めようとも、原理的には、技

スト戦略になる。

術の共有、つまり世界市民全員がその恩恵を受けるようにすることが、その開発者にとってべ

9　新しい社会主義の展望

本章で提案された新しい約束ルールに基づく国際システムは、新しい社会主義のシステム構想の具現化と解釈される。「能力に応じて働き、必要に応じて受け取る」。これは、マルクスのゴータ綱領批判にある有名な社会主義原理のスローガンである。これは資本主義との違いを鮮明に表現している。この社会主義原理は、経済主体の生産性と配分の関係を表すと理解できる。つまり、「最も生産性の高い技術によって生産され、その収穫は社会厚生に照らして全市民に平等に配分される」、あるいは「能力のあるものが技術革新し、必要な人がその恩恵を受ける」という理念を表している。これは本章で考察した国際システム構想の基本方針と同じである。

社会主義原理は「特定の経済主体の生産性の向上によって損害を被る人がいない」ことを要求している。この要求は、資本主義的な競争原理とは矛盾する。資本主義は、生産性の低い経済主体が淘汰されることを厭わない社会システムだからだ。社会主義原理は、グローバルコモ

ンズのような重要な局面において、このような資本主義的競争を排除する役割を担うのである。

気候変動問題において、開発途上国は、経済発展の機会を求め続け、先進国が過去に享受した経済成長と同じ道を歩む権利を主張する傾向にある。一方、先進国は、気候変動対策のリーダーシップを取りつつ、自国の経済や生活水準への影響を最小限に抑えようとする傾向にある。この状況は、歴史的な経済発展のパターンと、それに伴う環境への影響に基づく利害対立の在り方を反映しており、冷戦時代の共産主義国と資本主義国との対立を彷彿とさせる。

このような背景から、ＳＤＧｓが掲げる「誰一人取り残さない」基本方針は、単に恩恵の平等だけでなく、参加へのインセンティブをも含意すると捉えられる。「誰一人取り残さない」方針は、南北対立を超えて、世界市民全員が積極的にCO_2排出削減やサステナビリティの実現に参加する社会システムの設計を強く奨励するものである。

元来社会主義原理は、未来社会における単なるユートピアでしかなかった。しかし本書が提案する新しい社会主義は、市場と競争に代わって、交渉と協調によってグローバルコモンズを維持管理していく国際システム構想として、社会主義原理を具現化する。新しい社会主義は、新しい資本主義と対立するのではなく、共存することを念頭に構想されている。実際、新しい資本主義によって、各世界市民が自国民全体の被害をも考慮するように高い意識を持つようになることで、本章7節で説明された新しい約束ルール(新しい社会主義)が一層効果を発揮できるようになる。全ての世界市民は、この二つのシステムを相互に補完し合う関係と理解して、両方のシステムに関わらなければいけない。

新しい社会主義の理念は、中央集権的な、国家主義的な計画経済の着想の対極にある。新しい資本主義と新しい社会主義の共生は、分権的な市場メカニズムと、中央集権的な計画経済が共生する混合経済体制とは全く異なる。新しい社会主義は、世界政府のような中央集権的な統治や計画が機能しない状況における問題解決のための提案である。その仕組みはあくまで分権的な決定メカニズムである。

市場も国家も地域コミュニティも、さらにはそれらを総動員させても、それだけでは気候変動問題は解決できない。国際関係においては、共通する価値観が極端に希薄化しており、暗黙の協調も解決の直接的な決め手にならない。国際秩序は機能しうるものの、すこぶる限定的であり、時には機能不全に陥るリスクを抱えている。このような悪条件の中で、グローバルなサステナビリティの実現を果たさなければならない。

新しい社会主義は、このような困難に立ち向かい、国際秩序、市場、国家、世界市民を有機的に結びつける対話の仕組みを構築するグローバルな制度設計である。新しい社会主義は、南北間の対立状態や、気候クラブのような階層的、集権的統治とは真逆である。ステレオタイプ化された社会主義の悪しきイメージとして定着している「国家主義的な計画経済」とも真逆である。そうではなく、新しい社会主義は相互に主権を尊重する多元的、分権的な統治を目指している。

このアプローチは、階級闘争や共同所有といった概念を超え、より現実的で実行可能な方法で社会的公正と経済的平等を追求することを意図している。このような制度設計の提案は、国際社会が直面する複雑な課題に対して、新たな視角と解決策を提供するものである。

第5章

社会的共通資本を超えて

1　社会的共通資本

本書はサステナビリティの経済学を提唱し、大義の経済学、新しい資本主義、新しい社会主義の提案によって、学術研究の方向性を新たに示したものである。これらは、既存の経済学に対する批判哲学を通じて発案されている。

経済学はその黎明期から長きにわたって、気候変動問題やサステナビリティを明示的に取り扱ってこなかった。今日ですら、サステナビリティに対する一般的な学術レベルにおける認知と関心の度合いに比べると、サステナビリティに対する経済学者の取り組みは限定的であり、新しい理論やディシプリンを必要としている。しかし、過去の経済学研究の中には、サステナビリティの経済学に関連する考え方のヒントもたくさんあったはずだ。このことを説明して、本書に対する理解をさらに深めたい。

サステナビリティを経済学の中心的な問題と捉え、体系化の必要性を説いた最初の経済学者の一人は宇沢弘文である。宇沢は20世紀後半において、「社会的共通資本」という、非常に広い意味での経済資源概念を以下のように定義した。社会的共通資本とは「全ての人々がゆたかな経済生活を営み、すぐれた文化を展開し、人間的に魅力ある社会を持続的、安定的に維持することを可能にするような社会的装置」である。社会的共通資本は、市民の良い暮らしにとって必要不可欠なものであり、通常の経済学に見られるような、外部性のない私的財を中心とした最適配分の考え方では捉えきれない要素をたくさん含んでいる。具体的には、大気、森林、水資源、種絶滅回避、気候変動、温暖化などに関連する自然資本、水道、電力、交通などに関連する社会インフラ、そして教育、医療、食料、金融などに関連する制度資本が、社会的共通資本として捉えられる代表例になる。宇沢の時代には今ほど重要ではなかった社会的ネットワーク(SNS)やデジタル空間も、社会的共通資本の新しい仲間になる。

社会的共通資本は、社会的、経済的、環境的な資源やそれらの価値を包括的に捉え、これらが長期的に持続可能な方法で管理・維持されるべきであるという考え方に基づいている。これらの資本が現在だけでなく将来の世代にも恩恵をもたらすように持続的かつ公正な方法で管理されるべきだという視点だ。このように定義された社会的共通資本はサステナビリティの考え方の本質を捉えている。宇沢弘文はサステナビリティの経済学の先駆者としてもっと評価されるべきである。

宇沢は、多くの社会的共通資本の維持管理を難しくしている要因が、コモンズの悲劇にあるとした。そしてその実態を説明するため、自動車の普及がどのような社会的費用をもたらしたか、それらの多くが自動車の製造業者の考慮から外されていることを解明した。自動車が社会に与える費用を、単に運転することによる燃料の消費や、自動車を製造する際のコストだけでなく、より広い視野から捉えていく。その結果、自動車の利用が引き起こす交通渋滞、事故、公害、地球温暖化などの環境への影響、さらにはこれらが社会にもたらす健康被害や経済的損失など、多方面にわたる社会的費用を分析することになった。

これらは、自動車とは直接関係がないように見えるが、どれもみな自動車の普及と使用に伴って社会が負担しなければならない重要な費用である。一般に、個々の要素(この場合は自動車)が全体のシステム(社会、経済、環境)にどのように影響を及ぼし、またそのシステムからどのようなフィードバックを受けるかを考慮するアプローチはシステム的思考と呼ばれる。これは、ゲーム理論のような戦略的思考とともに、社会における相互依存性を理解するための基本的な思考の仕方になる。宇沢の考察は、自動車が社会に及ぼす影響を包括的に分析することで、自動車の社会的費用の実態を理解することができるので、経済学におけるシステム的思考の良いケース・スタディーになっている。宇沢弘文は、外部性の概念をこのようなシステム的思考によってサステナビリティに関連付けることによって、経済主体間の問題として外部性を個別的に識別し対処することを超えて、社会全体のシステム的課題であることを我々に気付かせてくれる。

自動車の発明と普及は経済発展の重要な原動力だ。それは新しい技術によって旧来のものを置き換える、いわばヨーゼフ・シュンペーター（20世紀初頭の経済学者）が提唱する「創造的破壊」の典型例である。しかし、このような創造的破壊が必ずしも持続可能性や社会的公正性に寄与するとは限らない。シュンペーターのようにイノベーションを経済システム内の問題として捉えるべきではなく、広くサステナビリティの視点から捉えることが重要なのである。

宇沢のこのような外部性すなわちコモンズの悲劇に対する視点は、本書第3章4節で説明されたサステナビリティ経営にも深く関連している。例えばLCAは、社会的費用を環境負荷に限定した上で、類似のシステム的思考を展開するアプローチである。宇沢の視点は、環境負荷のみならず広範の社会的費用を網羅する、社会的なLCAを想起させるものである。環境についてのLCAと同様にライフサイクル全体を通じて、さらには労働条件、倫理的問題、グローバルな影響など、より多岐にわたる社会的影響を多面的、包括的に評価することによって、宇沢による重要なステップが本格的な社会的LCAに発展していくことになろう。

しかしながら宇沢は、市民や営利企業が大義や社会的責任を実現させるポテンシャルをもつことについては言及しなかった。つまり、誰が外部性に関するシステム的思考の担い手になるかについてはあまり明確にされなかった。そのため、新しい資本主義という発想には直接には結びついていない。

宇沢の社会的共通資本は、広範囲のサステナビリティに関する問題領域を念頭に置いているものの、具体的な目標や取り組みのための枠組みを提供してはいない。その点において、SDGsは社会的共通資本を補完する重要なガイドラインの役割をなすといえる。そしてSDGsによって、社会的共通資本の管理のために必要なアプローチの仕方を変化させることも必要になってくる。

宇沢は、社会的共通資本としての自然資源や公共施設などのコモンズは、効果的に管理するために、専門知識を持った集団や組織によって統治されるべきだと考えていた。彼の理論においては、専門家集団が科学的根拠に基づいて資源の持続可能な利用と保護を行うことが共通資本の適切な管理に不可欠だとされる。

これに対して、SDGsの枠組みでは、このような専門家集団のみならず、政府、民間セクター、市民社会、国際機関など、多様なステークホルダーが共通の目標達成のために協力することが重視される。SDGsでは、コモンズの管理においても、多様な利害関係者の参加と合意形成を促進するアプローチが取られる。このアプローチの変更は非常に本質的である。これによって、営利企業がサステナビリティに対する社会貢献の重要な担い手になる可能性について、具体的に考察できるようになる。

宇沢は社会的共通資本の維持管理のためにどのような制度を考えるべきか、そしてその制度設計にどのように取り組めばいいかについても、具体的なガイドラインを示さなかった。それに対してオストロムは、小中規模の地域コミュニティについての具体的な事例研究をもとに、コモンズの管理において成功するための実践的な8つの原則を提供している。オストロムの原則は、適切な修正や追加によって、グローバルコモンズや社会的共通資本にも適用することができると考えられる。

オストロムのアプローチは、社会的共通資本の管理における深いコミットメント、共有価値観、信頼関係の構築を重視することで、協調の実現と持続可能な共有資源管理のための「装置」を提供することに繋がる。よって、SDGsとともに、オストロムの業績もまた、社会的共通資本、つまりサステナビリティの広範な問題領域の解決に大きく貢献するものになる。

2　サステナビリティ教育と人的資本

本書が提案するサステナビリティ（社会的共通資本）のための制度設計は、世界市民がサステナビリティの実践について高い意識をもつことによって初めて実現可能になる。そのため、サステナビリティについての教育の充実が必須条件になる。その際、多面的で多様な倫理性を豊かにすることで人間開発が促進されることが奨励される。サステナビリティについての効果的な倫理教育によって、市民は自主的に、創造的にサステナビリティの実践に取り組む自律性を身に付けることができる。

18世紀の哲学者イマヌエル・カントが重視する「人を（別の目的のための）手段でなく、それ自体を目的とせよ」という道徳律は、コモンズ（社会的共通資本）の維持管理を下支えする基本的な倫理性になる。一般に、サステナビリティの実践のためには、人と自然との関係性と自然に対する尊重を深める環境倫理、行動自体が持つ道徳的価値を尊重する倫理、コミュニティの価値と責任を尊重する倫理など、多様な倫理性が深く関与する。これらは、契約や信託といった法的義務とは異なり、サステナビリティの実践における自発性と創造性を育てるものになる。

サステナビリティには状況に応じた対応が求められるので、法的枠組みや法的義務とともに、法的拘束力を伴わない自発的な倫理性が強く求められるのである。この指摘は第1章7節（センの笛）、8節（官僚主義と民主主義）とも関係するところである。

カント的な道徳律はサステナビリティの時代においてさらに進化して、「社会を手段ではなくそれ自体を目的とせよ」、「自然を手段としてではなくそれ自体を目的とせよ」とする倫理性として、市民がサステナビリティに内在するコモンズ（社会的共通資本）の維持管理に意識的に取り組むことを促す。このことは第3章で展開した大義のプラットフォームとしての企業と従業員の関係性にも深く関連するところである。

第2章7節で取り上げた介護問題におけるケアの倫理は、サステナビリティ教育においても特に重要な項目になる。ケアを受ける人とケアを提供する人は非対称な立場にある。しかしケアの倫理は、心のつながりを深めて相互に支えあう関係性（リレーションシップ）を大事にする。そうすることによって、心のつながりとして見れば対等であることが尊重されることになる。このことは奉仕の精神とケアの倫理の違いを象徴的に表している。奉仕の精神は私欲を捨てて利他的に、自己犠牲的に他者に尽くす道徳的義務である。それはケアの倫理に見られるような対等な心の絆ではない。

サステナビリティの教育におけるケアの倫理の重視は、目指すべき「人間中心の福祉社会」の捉え方に、以下のような慎重さを求めることになる。つまり、人間の福祉を自己中心的な視点に偏らないようにすることが求められるのである。自己中心的な福祉に偏ると、他者を自身の福祉向上という目的のための手段として捉える傾向が助長されるからだ。これはサステナビリティの世界観を持ち、サステナビリティの大義を実践するような人間開発を妨げる。

宇沢は、経済学研究の歴史の中でこのような倫理的な人間開発を明示的に扱ったケースとして、ノーベル経済学賞を受賞した農業・開発経済学者セオドア・シュルツによる人的資本概念を挙げている。20世紀半ばにシュルツは、人間を労働供給の担い手、つまり経済的価値実現という目的のための手段としてみるのではなく、人間開発自体を目的とするアプローチとして、人的資本概念を提唱した。シュルツは個人の生産性向上が重要な意味をもつこととともに、適切な教育投資が発展途上国全体の福祉や環境改善に寄与することを主張した。このことは、適切な教育投資を受けた途上国の人材がサステナビリティに貢献するようになることを示唆している。

人間開発とは、人が生まれつき持っている能力を開花させ、知識をどのように獲得し活用するかを学び、倫理的動機、世界観、サステナビリティの大義を豊かにすることである。その結果、人間開発、経済発展、社会福祉向上、環境改善が相互に依存していることを包括的に捉えるシステム的思考が育まれる。宇沢は、シュルツの人的資本の中にサステナビリティ（社会的共通資本）のための教育の在り方の原型を見ることができると考えたのである。

しかしシュルツ以降、同じくノーベル経済学賞を受賞したミルトン・フリードマンやゲーリー・ベッカーは、人的資本概念を人間の全活動に適用できるように再定義し、以降経済学者の間で絶大な支持を得ることになった。今日では人的資本はベッカーに端を発する概念と認識されている。それは、シュルツとは対極にあり、「人を目的として見るな。あくまで手段として見よ」という非倫理的テーゼに立脚した理念である。

ベッカーの人的資本概念においては、人間開発は生産性向上に隷属され、倫理性は排除され、システム的思考は副次的扱いとなる。その一方で、経済パフォーマンスを中心とした定量的アプローチとのより強い親和性が生まれ、社会や環境に関連する定性的なデータは退けられる傾向が表れた。ベッカーは自身の人的資本概念を理論的基礎として、教育投資の経済的効果を分析する教育の経済学、さらには経済の問題には直接関係しないような人間行動の領域をも応用対象とし、結婚の経済学、離婚の経済学、犯罪の経済学、人種差別の経済学など様々なチャレンジを試みた。これらは、サステナビリティの実践からかけ離れた研究である。

今日における人材の経済学では、ジェンダー平等、福祉の経済学、障がいの経済学など、社会的公正に深く関わる重要な研究が熱心になされており、ベッカー流の人的資本に対する危惧は弱められている感がある。例えば、第1章7節の「センの笛」で紹介済みの経済学者センは、潜在能力(ケイパビリティ)という概念を使って、個人の福祉を、経済指標だけではなく、教育、健康、政治的自由、社会的参加など、定性的データを含め、様々な側面から評価するアプローチを提示している。

にもかかわらず、これらの研究は、シュルツからベッカーに変更された人的資本概念の持つドグマ性から逃れられていない。つまり、自己中心的な福祉概念に留まっており、システム的思考が牽引するサステナビリティの倫理的実践を十分に捉えきれていない。例えば、人的資本に加えて、他者とのつながりを評価する社会関係資本(社会的ネットワーク)を福祉の評価に取り入れる試みが注目されることがあったが、人、社会、自然がそれ自体を目的として捉えられる視点がないため、結局サステナビリティへの貢献については本質的なものにならなかった。

これらは、信頼のおけるデータや洗練された情報の利用の必要性とも複雑に関係している。現代社会は過剰なデータや情報に溢れており、その多くは信頼のおけない、洗練されていない、科学的証拠にならないものである。そのため、それらを退けて、科学的根拠として認められるものにのみ基づいて政策を形成することが推奨される。しかし、この過程において、利用できるデータや情報が経済的指標に偏り、サステナビリティが望む多面的な評価が阻まれる危険性もある。科学的証拠の尊重と並行して、制度的条件や定性的性質を政策形成に上手に取り入れていくことを、真摯に学術的に行うことが一層望まれる。

3　ヴェブレン

社会的共通資本以前においては、20世紀半ばに活躍した「異端の経済学」で知られる女性経済学者ジョーン・ロビンソンを除くと、気候変動や広範のサステナビリティに直接関連する重要な経済学者は見当たらない。しかし、19世紀末から20世紀初頭のアメリカの経済学者ソースティン・ヴェブレンは、サステナビリティの問題意識を持っていなかったものの、サステナビリティや社会的共通資本に深く関係する議論を展開しており、ここで検討する価値がある。

ヴェブレンは、経済を社会的、文化的な制度として捉え、経済行動が社会的な習慣や価値観によって形成されると考え、経済行動は個々の合理性だけでなく、社会的文脈にも深く根ざしていることを強調した。サステナビリティも、企業文化や個人の世界観と密接に関連している点において、ヴェブレンの思想と共鳴するものである。

ヴェブレンは、経済学が以下の意味において「進化的アプローチ」をとるべきであることを強調した。つまり、経済行動が価値観、慣習、文化、制度、歴史的過程に影響され、これらの要素が時間とともに進化し変化することを、経済学は明示的に扱うべきだという主張である。このようなヴェブレン流の進化的アプローチは、サステナビリティの経済学にとって不可欠であり、この手法は本書全体を通じて実践されている。

しかしながら、ヴェブレンの時代には、気候変動やサステナビリティに対する認識はなく、グローバル化、社会的ネットワーク、企業の社会的責任といった概念も存在していなかった。そのため、今日のように、市民や営利企業に対して大義や社会的責任を期待するビジョンはヴェブレンからは示されず、逆に市民や営利企業が不適切な社会的影響に駆り立てられているとして、資本主義制度を批判することに終始した。

例えば、富裕層が社会的地位を示すために、高額のブランド製品を購入して「見せびらかしの消費」を行っており、このような消費が経済的に非生産的で、社会的資源の無駄遣いであると主張した。また営利企業が短期的利益の追求に駆り立てられ、結果的に技術進歩の阻害、非効率的生産、労働者や消費者の搾取などを誘発していることを指摘した。

現代においてヴェブレンの資本主義批判を再解釈するならば、世界的に高まるサステナビリティへの関心が、市民や企業にサステナビリティの大義を気付かせて、資本主義の課題解決を促進させる、ということになろう。ただしヴェブレン自身は、市民の大義や企業の社会的責任について言及しなかった。その代わり、ヴェブレンは、資本主義社会のこのような無秩序性や非効率性は技術的専門性と合理性の徹底によって克服されると考えた。そのため、産業体制に対して、専門家集団(テクノクラート)が中心となる中央集権的統治を提唱していた。

ヴェブレンは、専門家が持つ忠実義務を強く意識しており、彼らの知識と専門性がそのまま社会全体の利益に寄与すると考えた。しかし、このように専門家の役割を過大評価することは禁物だ。ヴェブレンは、他の市民や営利企業と異なり、専門家自身は社会的、文化的な影響から自由であると想定する。しかしこの想定はあまりに現実離れしている。

中央集権的統治は、民主主義的な価値、多様性、個々人の自由を損ない、悪しきエリート主義への道を開きかねない。専門家集団の判断は必ずしも全てのステークホルダーの利益や社会全体の福祉に適合するとは限らない。専門家集団が持つ限定された視点や価値観が、システムの設計や運営に偏りをもたらし、社会的公正や包摂性を損ないかねない。つまり、技術者集団による統治の提案は、医師会が医療制度全体をも受託するという本書第3章3節のケースにも似て、専門家の忠実義務を社会的責任一般に不当に拡大することから生じる誤謬である。

社会的責任は、専門家集団以外の、異なるバックグラウンドを持つ多様なステークホルダーの利益とニーズを深く考慮し、広範囲にわたる目標(環境的持続可能性、社会的公正、経済的包摂など)を追求することを求めるものである。そのため多面的な倫理性が問われる。SDGsは、このように多様なステークホルダーの参加と協力を通じて持続可能性の目標を追求する包括的なアプローチであり、この点においてヴェブレンと袂《たもと》を分かつ。

現代では、インターネットやデジタルメディアの発展により、世界中の人々が環境問題や社会問題についてリアルタイムで情報を共有し、意識を高めることができる。市場価格情報に限定されず、様々な種類の情報にアクセスでき、グローバルに情報を共有する範囲も非常に広い。現代では、国連をはじめとする国際機関が持続可能な開発のため、様々な枠組みを提供している。また、再生可能エネルギー、エネルギー効率の高い技術、持続可能な農業方法など、環境負荷を低減する技術の革新が進んでいる。経済のグローバル化により、持続可能性を核とするビジネスの機会が増え、地域コミュニティや小規模事業者もグローバルな問題解決に貢献できるようになっている。環境保護、人権、社会的公正に対する市民社会の関心も高まっており、NGO、ボランティア団体、市民活動が持続可能な開発のための重要な役割を果たし、地域や国際レベルでの政策形成に影響を与えている。企業は自身の活動が社会や環境に与える影響についてより大きな責任を負うようになり、持続可能性をビジネス戦略として取り入れる例が増えている。

これらは、サステナビリティに対する現代的なアプローチが、ヴェブレンの時代とは全く異なる文脈で展開されていることを示している。社会全体の意識の変化、国際協力の強化、技術革新の進展などにより、より平和的で包括的、分権的な手段によるサステナビリティの追求が可能になっている。もしヴェブレンが現代に生きていれば、悲観的論調を脱してサステナビリティやSDGsを強く支持するようになっていたと、私は推測したい。

4　マルクス

ヴェブレン以前の19世紀に活躍した経済学者カール・マルクスは、ヴェブレンとは異なる視点から、サステナビリティに関連する議論を展開しているため、ここで言及するに値する。マルクスは、資本主義には内在する矛盾があり、本質的に持続可能ではないシステムだと考えた。資本主義は、世界市民を二つの階級、つまり生産手段を私的に所有する資本家階級と、自身の労働力を売ることで生きる労働者階級に分断する。労働者階級は資本家階級よりも弱い立場にある。そのため、資本家階級は労働者階級から生み出される利益を搾取している。つまり、労働者が生産した価値が賃金として十分に還元されず、その差額が資本家階級の利益になっている。この不平等は資本主義に内在する矛盾であり、資本主義がなくならない限り解消されないと考えた。

また、資本主義では、自然がただの資源、短期的な価値の源泉としてのみ扱われ、資本家階級が利益追求のために自然を独占的に私物化している。その結果、資本主義では、人間の経済活動は自然界とのバランスを失い、自然環境との持続可能な交流や相互作用が途絶えてしまうと考えた。

このように、マルクスは資本主義が持続可能ではなく、環境、社会、経済の各側面において矛盾を内包していることを指摘している。このことはサステナビリティやＳＤＧｓの各目標の背景にある原因が、単なる技術的な問題や市民の行動様式上の問題でなく、根本的な経済システムとそのダイナミクスに関係していることを示唆している。

にもかかわらず、マルクスはサステナビリティやＳＤＧｓの先駆者とはみなされない。マルクスは、資本主義は内包する矛盾のために持続不可能となり、資本主義ではない別のシステムである共産主義社会にいずれは移行するとし、その原動力は資本家と労働者間の階級闘争であると考えていた。資本主義社会において搾取され不満を抱えている労働者階級がイニシアティブをとって、対立する資本家階級との闘争に勝つことによって、資本主義を終わらせるというのである。これでは、営利企業を含む全ての世界市民がサステナビリティの理念に共感して、意識的にＳＤＧｓの目標に取り組むということにはなっていかない。

来るべき共産主義社会は、第４章において説明された「能力に応じて働き、必要に応じて受け取る」とする社会主義原理を具現化するような、資本主義とは対極にある社会秩序とされる。しかしながらマルクスは資本主義システムにおける根本的な問題点を指摘することによって新しい社会秩序の必然性を主張するものの、共産主義社会システムを具体的な形で提案したわけではない。

そのことを前提として、説明をさらに付け加えるならば、まず新しい秩序は労働者階級のイニシアティブによってなされるとされる。そして、労働者階級は私的所有による不平等と搾取を繰り返してはいけないと肝に銘じ、この反省をもとにして、生産手段の共有を推進し、社会的平等と公正な配分を目指すとされる。このようにマルクスは考えていたのだろう。しかし実際に起きた現実はより暴力的であり、両階級の立場の逆転を狙った対立と混乱であった。

現在においても、気候変動問題における国際交渉の場において類似の状況が起きている。つまり、資本主義体制において途上国は先進国からの被害を受けてきた。そのため、CO_2の排出削減に協力する前に、立場を逆転させておきたい。劣悪な環境技術の下でもCO_2を過剰に排出することを認めてもらって、先進国の経済にキャッチアップしておきたい。気候変動問題が顕在化している今がそのいいチャンスである。このような論調によって、南北間が協調するどころか、むしろ対立を強めてしまうという事態が、COPにおいて継続的に起きている。

本書第4章にて展開された新しい社会主義構想は、同じ社会主義原理の具現化を目指すものの、マルクスの枠組みを大きく超えたものになっている。ここには階級闘争も、生産手段の共有も、中央集権的な管理も必要としていない。世界市民全員が主役であり、みなが協力して国際秩序を育てることによって、グローバルコモンズの平和的解決を目指している。

仮にマルクスが現在のようなグローバル化や情報通信技術の発展などを認識したとしても、マルクスの階級闘争による革命の考え方は基本的には変わらないだろう。この点はヴェブレンとは大きく異なり、いわばマルクスの欠点である。それは、マルクスの考え方が特異な前提に基づいていることに起因する。

マルクスは、経済が社会や文化を規定すると考えていた。そのため、社会の構造と動きを理解するには、その経済基盤を分析する必要があるとした。マルクスの核心にあるのは、生産手段の所有と生産関係が社会の全体的な構造、すなわち法律、政治、宗教、文化などといった上部構造を決定するという考えである。歴史の進行は基本的に経済的な力によって駆動され、社会の階級構造や個人の意識もこれに影響されると見ていた。国際秩序も経済的な力に隷属される。そのため、SDGsのようなガイドラインがあったとしても、労働者階級には資本家階級の搾取強化のための手段としてしか認識されない。情報通信技術が発展しても、資本家が労働者をコントロールする手段が増えたとしか認識されない。

一方、ヴェブレンは、マルクスとは逆に、社会・文化が経済を規定する、経済活動とは社会的・文化的な文脈に根ざしたものであると考えていた。そのため、ヴェブレンの枠組みは、サステナビリティやSDGsに共感することで営利企業を含む世界市民の経済活動が変化する可能性を含んでいる。ヴェブレンは、サステナビリティやSDGsに関連する社会問題や環境問題についてマルクスほどには言及していないものの、新しい資本主義や新しい社会主義といった新しい構想への道筋を提供してくれる。マルクスではそうはならない。

本書で紹介した新しい資本主義と新しい社会主義は、私的所有の許容、分権的な決定システム、国際秩序の継続性といった点において、マルクスの意味での革命では全くないが、マルクスの想定の枠を超えた、別の劇的な革新といえる。新しい資本主義における倫理的動機による市場競争、新しい社会主義における国際秩序の持続的利用による国際交渉のルール化などは、唯物論に固執するマルクスにとっては考えられない発想に違いない。

5　企業文化と日本経済

ヴェブレンは、営利企業を、短期的利益の追求に邁進するため、長期的な視点によるイノベーションを怠る傾向があるとして批判した。営利企業は硬直的であり、大胆な構造的イノベーションを避け、既存の形態の微調整によって事態を切り抜けようとし、結果的に非効率に陥ってしまう。

大義のプラットフォームとサステナビリティ経営の理念は、このようなヴェブレン的営利企業の近視眼的傾向と硬直化傾向をいかにして持続的に回避するかに主眼を置くアプローチになっている。このアプローチでは、企業文化を企業の世界観とそのダイナミクスとして捉え、透明性、民主性、ステークホルダーとの対話、大胆なイノベーションを達成する牽引役とする視点が大事になる。このことは、以下のように、バブル期前後における日本経済の変容を例とすることで理解を深めることができる。

経済学において企業文化がクローズアップされるきっかけの一つは、1980年代に日本の製造業が世界市場で顕著な成功を収め、その経営手法と組織運営が国際的に注目を集め始めたことにある。ジャストインタイム生産のような、無駄を削減し、生産プロセスを最適化することで効率性を高める手法、品質を組織全体の取り組みとして捉え、製品やサービスの品質向上を通じて顧客満足を最大化する経営手法、継続的な小さな改善を通じて、業務プロセスや製品の質を向上させるアプローチ(カイゼン)などが日本企業に特有とされた。それらは単に技術的な手法や経営戦略によるものだけではなく、固有の企業文化に深く根ざしたものであることが注目された。

そのため、企業文化は当初特定の地理的・文化的背景に根ざした「アメリカ型」や「日本型」などの類型で語られていた。これらの類型は、それぞれの社会の経済的、社会的、歴史的条件を反映した企業運営のスタイルを指していた。例えば、「日本型」企業文化では、集団主義、年功序列、終身雇用制度、社内コミュニケーションの重視などがその特徴とされ、「アメリカ型」企業文化では、個人主義、成果主義、機動性、およびイノベーションの強調などがその特徴とされた。

日本の管理手法や企業文化は、サステナビリティに貢献する特徴を既に部分的に備えていた。例えば、日本の企業は、短期的な利益よりも長期的な成長と安定を重視する傾向があり、従業員教育や研究開発への投資、長期的な顧客関係の構築など、前向きな経営戦略を採用する。このような長期的な計画は環境や社会に対する責任を考慮する傾向があるためサステナビリティに合致していると言える。これは、欧米の企業が四半期ごとの業績に注目し、短期的な利益を追求する傾向とは対照的である。また、小さな改善を継続的に行うカイゼンのアプローチは、エネルギー効率の向上や廃棄物の削減など、環境への影響を減らす取り組みにも応用できる。

しかしながら、日本型経営は以下の理由によってサステナビリティ経営の模範としては機能しづらい。なぜなら日本の企業文化は、トップダウン型の意思決定を前提としており、経営層からの指示が下部に伝達される構造が一般的だからだ。そのため、ステークホルダーとの対話やそのフィードバックを重要な経営判断に積極的に取り入れる文化が未発達である。また、日本の終身雇用制は、労働市場の柔軟性を低下させ、組織内のスキルや人材の最適な配置を妨げている。さらに、継続的なカイゼンに重点を置く文化は、大胆なイノベーションへの抵抗感を生むことがある。

日本の企業文化についてのこれらの特徴は、透明性、民主性、ステークホルダーとの効果的な対話、大胆な構造的イノベーションの欠如を意味するものである。サステナビリティにおいては、これらの欠如は致命傷になる。こうして日本的経営は、新しい技術やビジネスモデルへの迅速な適応が必要とされるサステナビリティに基づく経営の模範からは程遠い存在であることがわかる。

サステナビリティの時代において、組織が社会的、環境的、経済的な責任を全うするためには、透明性の高いガバナンス、民主的な意思決定プロセス、そしてステークホルダーとの積極的かつ効果的なコミュニケーションが重要になる。変化に柔軟に対応し、持続可能な成長を目指すためには、組織文化や経営システムの革新が求められる。今日、医師会のような専門職組織も含め、多くの日本の組織がこのような変革の必要性に直面している。

日本は戦中戦後からバブル崩壊までシステムを変更せずに貫いてきたため、非常に経路依存性の強い社会だと考えられる。このような状況においては、過去の選択や慣習が将来の選択肢を制約する傾向が強くなるため、変革は一層容易でなくなる。このような日本の経路依存性はヴェブレンによる営利企業の硬直性に対する懸念を想起させる。また、グローバル化が進む中で、日本企業はむしろ近視眼的傾向に陥り、その結果、日本的経営がもともと持っていたよい側面が失われてしまうことも懸念される。そのため、ヴェブレンを超えて、サステナビリティと社会的責任の視点から、企業文化を問い直すとともに、その根底にある長期的な視野、社会的責任、環境保護への取り組み、地域社会との共生という、よい価値を再評価することによって初めて、日本経済は持続可能なグローバル経済へ重要な貢献を果たすことができるようになるだろう。

6　経済学自体のサステナビリティ

経済学がサステナビリティに真摯に向き合うためには、学問としての経済学自体が変わらないといけない。現状の経済学が今後、未来ビジョンを持続的に生き生きと描いていけるとは言い切れない。経済学という学問自体が現状においてサステナブルではなく、社会や環境に対して有害な影響を与えるゾンビのような存在になるリスクも抱えている。

経済学自体がサステナブルであるためには、理論やアプローチに十分な多様性があること、他分野、特に人文社会科学、さらにはより広い実社会との対話を重視すること、そしてなによりも、批判的思考によって大胆な理論的イノベーションやパラダイムの変更が起こることを念頭に置くこと、これらが不可欠である。サステナビリティのためには、現実の複雑さや人間の多面性を理解し表現することが一義的に問われる。そのため、データやモデルはとても重要な役割をなすことに変わりはない。しかし、それだけでは不十分である。社会的、文化的、歴史的文脈がもっと重視されなければならない。このようにして、サステナビリティに必要な世界観、大義、社会的責任、信頼といった概念を使って、物語とメタファーによって現実の複雑性を表現するのである。データやモデルの新規性や厳密性は、この表現にどのように貢献するかによって評価されなければいけない。

経済学自体がサステナブルであり続けるということはすなわち、経済学研究者が創造的で自律的である、つまり学問の自由を謳歌し続けることを意味する。しかし現状の経済学はそのようにサステナブルな学問を目指しているとはいえない。経済学のお墓のための素晴らしい墓碑銘を書いた人が学界のトップに君臨し、よい墓碑銘の書き方を次世代に指導するという悪しき循環に陥っている。よい墓碑銘の書き方とは、ＳＤＧｓの要請にこたえるためいかに旧来の枠組みをカイゼン（微調整）するかということだ。このようなカイゼンによる評価の一元化によって、経済学は強固なトップダウン・ヒエラルキーを仕立て、同時に社会の本質から事実上隔離されていく。これは、学術の在り方に対する無自覚から生じる悲劇である。これを防ぐには営利企業におけるサステナビリティのための経営のような、意識改革が経済学に必要だ。

経済学は本来、様々な角度から社会や個人をみないといけない学問だ。数理や定量は理解を大いに助けよう。しかし、数理や定量だけで要約することができない学問である。かつての経済学者はこのことをもっとちゃんと理解していた。例えばミクロ経済学の基礎を作った経済学者アルフレッド・マーシャルは経済学を「人々の日常生活の研究」と定義し、経済活動を行う人間の動機を理解することの重要性を説いた。その際に強調されたのは、経済学の範囲と方法を広範な知識を使って深く洞察することだった。マーシャルは余剰分析を考案したことでミクロ経済学を教育面からも基礎づけた立役者だが、余剰概念はあくまでも特定の現実の複雑性の表現と理解のために有用とされるというのがマーシャルの認識だった。

20世紀にはいって、経済学は数学的手法と統計学を用いた定量的分析を重視する方向へと大きく進化し、ゲーム理論や情報の経済学によって理論の精密さと予測可能性を高めることに成功した。しかし同時に経済学の社会科学としての側面、特に倫理的、社会的要素を軽視する傾向が顕在化した。つまり、より客観的で数値に基づく分析を重んじる一方で、社会や個人の複雑さを表現する道具の多くを放棄してしまった。このことは研究者の創造性と自律性を傷つけるものである。新しいパラダイムの出現が期待されるところだ。

経済学の理論があらゆる経済事象に対して「後付けの説明」ができることを研究論文の質の

評価基準にしている傾向があり、とても懸念される。これによって、学問の進展にともなって、既存の枠組みが外形上反証不可能になっていくという仕組みが出来上がってしまう。つまり、批判的思考を受け入れないことで経済学が外形上反証不可能になる。これはいわば学問の死そのものである。このように、経済学という学問に対してマーシャルのような自己認識がないと、もう死んでいる学問のためのよい墓碑銘を書いた研究者が学界のトップに祭り上げられる構図が出来上がってしまう。

このような状況の背景には、以下の二つの歴史的要因が関係していると私は考える。ひとつは、経済学が科学的でありたいと願うあまり、論理実証主義を間違った理解の下で貫こうとしたことである。論理実証主義は、20世紀初頭に形成された哲学的立場で、科学的知識は経験的に観察可能な事実に基づくべきであり、検証可能な命題のみが意味を持つと主張している。経済学はこの主義に忠実に、学問としての体系作りを模索していったわけである。その結果、科学的知識とそうでないものの峻別が行われ、文脈に依存する倫理的、社会的、文化的、歴史的知識が退けられる傾向を生み出すことになった。

そもそも論理実証主義を字句のごとく捉えようとすると、おかしなことが起こる。なぜなら、科学理論の正しさを経験的に検証することは原理的に無理だからだ。どんなに多くの観察がある理論を支持しても、将来その理論に反するたった一つの観察が現れる可能性があるため、科学理論を絶対的に証明することはできない。そのため、この主義に誤った仕方で固執しすぎると、どのような経済現象に対しても、新たな理由をつけて説明を修正（カイゼン）することで、常に批判的思考を遠ざけることをせざるを得なくなる。

もう一つの要因は、マルクス経済学との対立にある。良い悪いは別としてマルクス経済学のパラダイムに打ち勝つため、結果的に反証不可能な理論の確立を目指すことにつながった。この結果は同時に批判的思考の死、つまり学問の死を意味する。これらは、学問が高いレベルで進化するために新規性に対して厳しい審査をするべきだという誠実さとは全く関係のない、単なる悪しき思考習慣である。しかしこれらの要因のため、現状の経済学は、まるでバブル崩壊以後の日本経済のように、経路依存性のわなにはまっているという側面を持ってしまった。

経済学は社会に影響を与えるのではなく、社会からの影響を必要としている。サステナビリティに対する世間の関心の高まりと経済学へのほのかな期待は、経済学をその経路依存性のわなから脱却することを、きっと効果的に後押しするだろう。実際、ミクロ経済学、行動経済学、マーケットデザイン、ゲーム理論といった既存の経済学は、サステナビリティのために多くの重要な貢献をする可能性を秘めている。行動経済学や実験経済学は経済主体の行動動機の多様性とその脆弱さを明確にするが、企業を大義のためのプラットフォームとして再構築する際に重要な役割が期待される。マッチング理論は、腎臓などの臓器移植が公正に行われるための仕組みを考案して、人間の生命や尊厳にかかわる問題に大きく貢献してきた。オークション理論は、携帯通信産業のインフラ整備に必要な電波利用ライセンスの公正で効率的な配分方法について、優れた制度設計を提案してきた。

これらは、今後のサステナビリティの経済学に対するアプローチとして最右翼に位置付けられる。例えば、サステナビリティのための資源循環型システム、サーキュラーエコノミーへの取り組みには、リサイクル素材の配分を決める分権的な仕組みの設計が不可欠である。これにはオークションやマッチングの知見が中心的な役割を果たすことが期待される。サステナビリティという現実の複雑さをいかに表現し解釈するかが、これからの経済学者に強く問われることになる。

7　スミスの共感

最後に「見えざる手」の創始者であるアダム・スミスについて言及しておきたい。スミスは

「道徳感情論」と「国富論」という二冊の重要な書物を後世に残し大きな影響を与えてきた。特に「国富論」は利己的動機が市場メカニズムを通じて見えざる手に導かれるように経済的富の蓄積に貢献するというシナリオを示した。既に本書で説明したように、スミスのこのビジョンは、サステナビリティの理念を受け入れがたくしている諸前提に依存している。スミスの「国富論」には、経済学がサステナビリティの理念を受け入れがたくしている原因が詰まっている。

スミスのもう一つの業績である「道徳感情論」を考慮するならば、このようなスミスの反面教師としてのサステナビリティへの貢献は、もう少し複雑な様相を呈することになる。スミスは「道徳感情論」において、個人が利己心と他者に対する倫理的な思いやりをどのように自己の内面において折り合いをつけているかについて考察した。個人は他者の立場や気持ちを理解する能力、つまり他者に共感する能力があり、この能力が実際の行動選択を決める上で一定の役割を果たしている。個人の私的便益と対立する他者の便益の間でどのように折り合いをつけるかという葛藤を克服するための内的過程のことである。スミスの共感は、本書における個人の大義の実現と密接に関連することになる。

しかしスミスの意味する共感は、社会的な文脈における個人の行動動機の在り方を鑑みると、十分に練られたものではなく、その後の経済学研究に与えた影響も限定的である。例えば、第3章7節において説明された、広範囲の市民に及ぶような、感情移入によって他者の満足を自身の快楽とする深い共感は、スミスの念頭にはなかったように思われる。他者の立場を理解して他者との協力を引き出すようなパートナーシップや協働の可能性を十分に考えていたとも思えない。契約や関係性における法的、倫理的義務と、より広範囲の社会的責任の区別もあいまいである。個人の倫理的態度が社会的な文脈や制度的条件に影響されることについてもあいまいである。

スミスの「道徳感情論」において特筆するべきは、自己イメージの重要性を強調した点にある。個人は自身の行動が道徳的に適切かどうか、他人の目からどう映るかを気にかける。そのため、「中立的観察者」という架空の存在を内面的な基準に見立てて、自身の行動の倫理的評価を合理的に判断している、という考え方だ。このような自己イメージとしての倫理性は、第2章7節の介護問題においても触れたように、サステナビリティの実現のための大事なピースになる。しかしスミスにはケアの倫理のような、もっと根本的な人間性についての言及が欠けている。そのため、まるで倫理が自尊心や自己イメージに隷属されるかのように読み取れるため、注意が必要だ。スミスがこれを意図していたならば、「道徳感情論」もまたスミスがサステナビリティと縁遠い存在であることを示す証ということになろう。第2章7節の介護問題で言及した、介護士の自己イメージへの関心は、スミスのような自己中心的な合理化のプロセスではなく、介護士という職業が抱えている社会問題に目を向けて、その解決を目的としたものである。

スミスはサステナビリティの時代の人ではないけれども、倫理的、哲学的思索を真摯に深く掘り下げていけば、道徳感情の実践が社会制度の適切な整備を必要とすることを、もっと明確に指摘できたはずだ。

共感、非利己的動機、限定された合理性など、道徳感情に関連する様々な視点は、もっと現代になって、スミスとは直接には関係のない文脈において、実験経済学や行動経済学によって積極的に分析されるようになった。これらは、人間の行動動機が複雑であることを解明し、その複雑性をいかに理解し表現するかに主眼が置かれている。本書の大義の経済学は、このような実験経済学や行動経済学が今後においてサステナビリティの経済学の発展の牽引役になる可能性があることを示唆している。

あとがき

私は、東京大学経済学部の学生だった１９８０年頃、宇沢弘文先生のゼミに参加していた。宇沢先生は社会的共通資本の創始者だが、数理経済学、経済成長論、経済動学において多大な学術的貢献もあり、国際的なスーパースターだった。しかし宇沢先生の経済学者としての国際的な評価において、社会的共通資本の提唱が果たす役割は少なくとも当時は非常に小さく、また宇沢先生は社会的共通資本の提唱を通じて既存の経済学を激しく批判していた。このスタンスに対して、私は当時、感銘と憧れと困惑が入り混じった、なんとも割り切れない感情に振り回されていた。

私は学者に向いていると思っていたので、大学院に進学したのだが、大学院生として社会的共通資本を追究していくと学術業績を積んでいくことが難しくなると判断し、社会的共通資本そのものではないが将来的には社会的共通資本に役立ちそうな研究テーマを選ぶことになった。それが、ゲーム理論と情報の経済学である。それらはインセンティブと制度設計のための数理経済学であり、経済の相互依存を理解するために必要となる戦略的思考を徹底的に鍛えるには打って付けだった。サステナビリティが戦略的思考だけではなく、異なるシステム間の相互依存を明らかにするシステム的思考をも必要とすることについては、宇沢先生の「自動車の社会的費用」(岩波新書)を反復読みしていたにもかかわらず、大学院生当時の私は十分に認識できなかった。

ゲーム理論と情報の経済学においては、二人のノーベル経済学賞受賞者であるレオン・ハーヴィッツとジョージ・アカロフが、私にとってアイコン的な存在であった。ともに宇沢先生にゆかりの深い経済学者だ。ハーヴィッツは宇沢先生の先生のような存在で、アカロフは宇沢先生のお弟子さん、つまり私の兄弟子にあたると言えよう。私は大学院生の頃から長く継続して、この二大アイコンに遠からず関係している二つの研究プロジェクトを進めてきた。ひとつはメカニズムデザイン(制度設計のゲーム理論)である。私はこれを、効率と公正の両面から望ましいとされる資源配分の選択方法が実際に実現可能なものかどうかを、多面的なインセンティブの視点から問う研究領域であると定義していた。これは、分権的決定メカニズムを抽象的なモデルとして発案し、その設計方法を明確に具体的に示すことによって、学術的に評価される理論分野だ。当初は非常に形式論理的な興味からこの研究プロジェクトをスタートさせたが、その後、制度設計における倫理的動機の果たす役割に関心が移り、私にとってサステナビリティの経済学研究の重要なピースとなった。本書第1章7節は、この研究プロジェクトを踏まえて書かれている。

もう一つの研究プロジェクトは繰り返しゲームである。お互いに利害の対立がある経済主体が長期的関係にある場合には、仮に純粋に利己的動機にのみ両経済主体が従うとしても、お互いに協力的な関係性を長期的に維持することが得策になる、つまり、暗黙の協調が誰からも強制されることなく自主的に成立するケースがあることを解明する研究領域である。これは一層形式論理的色彩の濃いプロジェクトであり、フォーク定理と総称される数理的な性質を様々な状況において厳密に証明することに主眼がある。

フォーク定理の研究は、戦略的思考を鍛えるにはもってこいだが、経済学的な意義を探究するという点においてはかなり脆弱である。このプロジェクトの成果が生き生きとするためには、形式論理以外の知見も必要なはずである。価値観の共有などといった、文化的、社会的、歴史的文脈の援用が不可欠だ。例えば、国際社会における合意形成において、暗黙の協調の可能性はこのような文脈に強く制約されている。このことを無視する態度を貫くと、オストロムのような他分野の社会科学者からは、フォーク定理の現実社会への無思慮で楽観的な適用について強く非難されることになる。実際この非難は至極全うであった。

しかし、価値観の共有などが認められるケースにおいては、フォーク定理の研究は貴重な知見を提供できると私は考える。私の二番目のプロジェクトにおける主要な成果は、相手の行動を不十分にしか監視できない不利な状況でも、工夫次第では、暗黙の協調を達成できると主張するものだ。このことは形式論理をひたすら突き詰めることによってはじめて明確にすることができた。

オストロムのような批判を真摯に取り入れることによって、フォーク定理の研究成果はサステナビリティの時代において輝くのかもしれない。本書第4章の新しい約束ルールは、私の現在進行形の研究を反映したものだ。それは、非常に限られた共有価値観の下でも、この限られた共有を最大限に活用することで、気候変動問題の解決に向けた国際協力が暗黙の協調として達成できることを提案したものだ。つまり、第4章はこの研究プロジェクトの延長線上にある。

私は、大学院生の時分からいずれは社会的共通資本に真摯に取り組みたいと考えていたので、論文のスタイルを変えるタイミング、場合によっては論文の執筆を中断するタイミングを、ずっと探していた。2020年、東京大学の同僚で当時経済学研究科長・経済学部長をしておられた星岳雄先生にこの意思をお話しすると、社会的共通資本についての研究に特化したスタイルで寄付講座を始めてみてはどうかと提案していただいた。星先生は、バブル崩壊後の日本経済研究について決定的な研究業績を持っておられ、また経済学の範疇を超えた広い見識をお持ちである。そこで、星先生から株式会社良品計画の金井政明会長を紹介していただき、良品計画の支援のおかげで2022年5月から社会的共通資本寄付講座をスタートさせることができた。星先生には深く感謝したい。

金井会長からは公益人本主義経営の理念をお話ししていただいた。この理念は私にとって大変刺激になり、本書全体に少なからざる影響を与えていただいた。金井会長および良品計画に深く感謝の気持ちを申し上げたい。

寄付講座の立ち上げにご協力いただき、その後もプロジェクトマネージャーとしてサポートしていただいているミュージックセキュリティーズ株式会社創業者の小松真実さんには、本書第3章7節の土台を提供していただき、深く感謝したい。小松さんは、事業投資型クラウドファンディングというオンラインプラットフォームを立ち上げ、地域活性化を中心としたサステナビリティのための事業支援活動を20年来継続されている。これは営利企業や個人の大義とその社会性の具現化であり、アダム・スミスが示した共感を超えて、共感とサステナビリティとの関連性を一層明確にするものである。事業者が報酬の一部を放棄するというアイデアは、実際にミュージックセキュリティーズで使われている方法である。小松さんはサステナビリティのためにもっといろんなことをされている。私は、もっとみんなも、もっともっといろんなことができるはずだ、しなければいけないと考えている。

本書の執筆には、昨年度まで同僚だった明治学院大学経済学部の岡崎哲二先生、一橋大学経済学部の井伊雅子先生をはじめ、直接的間接的を問わず、多くの方々からの影響が不可欠であった。ここに皆様に感謝の意を表したい。東北大学経済学部の日引聡先生は、環境・資源経済学の専門家であり、私をじわじわと環境問題やサステナビリティの現代的課題に近づけていってくれた恩人である。できれば今後日引先生と協力して、日本のコモンズの実態調査などを通じて「日本学」を追究してみたい。

京都大学経済研究所の照山博司先生にも感謝したい。照山先生は日本の労働市場の問題についての専門家で、日本経済の企業統治や企業文化の課題について主に労使関係からの実証的、制度的知識を提供していただいた。照山先生は、私が学部生の頃、宇沢先生とともに影響力のあった石川経夫先生のゼミ出身で、石川先生のリベラルな思想を心底体得されておられる。また照山先生は、クラシック音楽に非常に深い造詣をお持ちで、経済学が本来あるべき姿が芸術的なものであることを私に呼び覚ましてくれた。

思えば、私が今日に至ってサステナビリティの経済哲学に向き合うことになった経緯の、最初の原体験は遠い昔の中学生時代にあったのかもしれない。私は父親の影響もあってか、小学生のころからマーラーやブルックナーを聴いている、だいぶ変わった子供だった。（たぶん照山先生もそうだったろう。）

ただし私は一切楽譜が読めないのだ。レコードを聴いて夢中になっており、これは今もあまり変わらない。通信簿の音楽の成績は5段階の2だった。しかしレコードに針を落とすや、針の擦れる音だけから、曲名、指揮者、オーケストラ、録音年代、演奏会場をあてることができた。（照山先生もきっとそうだったろう。）

小学校の音楽の先生が「知っている作曲家を挙げてごらん」という質問を生徒に投げかけたことがあった。みなベートーベン、チャイコフスキー、アンダーソン（教科書によく出てくる「タイプライター」の作曲者）と無難な回答をする中、ここぞとばかりに「マーラー、ブルックナー」と答えるや、先生からは「そんなのは知らなくていい」と反って怒られてしまった。このように、私のような人が音楽のステークホルダーの仲間入りをするのは容易ならざることだった。

家に帰ると、父親の書斎の書棚には今では廃刊になっている「レコード芸術」「ディスク」といったクラシックの音楽雑誌がずらっと並んでいて、始終読みふけっていた。つまり、作曲者の生涯、哲学、時代背景、個人的なエピソード、評論、様々な異なる演奏、解釈の仕方、録音の状態、オーケストラの違い、テンポ、強弱など、楽譜以外の情報をひたすらそれらから吸収して、自身の感性と直感によって、楽譜の読めない私は音楽をとても楽しんでいたわけだ。読み終わると、今度はレコード会社の広告に載せられた有名指揮者の写真をハサミで切り取って、紙相撲をして遊んでいた。1970年ごろの話である。

ここからがようやく私の原体験になるが、中学生になって、古今東西のトップスターであった二大指揮者フルトヴェングラーとトスカニーニが、戦前どこかの路上で口論になったというエピソードを耳にした。おそらくでっち上げであろうが、後になって思うと二人の特徴をつかんだ、よくできた話だ。トスカニーニは、楽譜に書かれていることが全てであり、楽譜に忠実で、厳格にリズムとテンポを維持し、音楽の構造的形式美を追求することが演奏者に期待される再現芸術のあるべき姿だと主張する。一方、フルトヴェングラーはこの主張を非常に嫌った。

例えば、ベートーベンの音楽はとても複雑な姿でベートーベンの頭の中にあって、それは楽譜という限られた情報に埋め込まれている。仮に作曲者が詳細な指示を譜面に書き込んでいたとしても、それは表象に過ぎない。そのため演奏行為者は、作曲者に敬意を表して楽譜に忠実であるべきだが、楽譜はあくまでガイドラインに過ぎず、もっといろんな情報やインスピレーションによって、楽譜を超えて、音楽の本質に迫らないといけない。もっともフルトヴェングラーは作曲者に敬意を表したいまじめな方だったので、作曲者に関連すると思われる追加情報を特に優先した。

こんな感じがフルトヴェングラーのスタイルであり、トスカニーニのアプローチはフルトヴェングラーにとっては音楽の本質に迫る一般理論でもなければ、作曲者に対する敬意の表れでもないというわけだ。中学生の私は、今思えば二人の口論の内容をざっくりとこのように理解していて、これなら小学生のころから自分がしてきたことと同じではないかと、子供ながらに思い、とても自信を持った次第だ。（もっともフルトヴェングラーは紙相撲までには至らなかったろうが。）

なぜこれが原体験かというと、フルトヴェングラーが表現したいのは音楽の複雑性の本質に対する深い理解であって、それはサステナビリティに対応している。トスカニーニがもとめる構造的形式美は、ゲーム理論のような経済学のモデルにおける形式論理であり、これはサステナビリティの理解の重要なピースにはなるかもしれないが、過度に固執すればかえって障害になる。このようなアナロジーを、音楽と経済学の間に見て取ることができると、未だに思っている。

このようなアナロジーの着想は、大学院生時代に経済学者ディアドラ(当時はドナルド)・マクロスキーの「経済学のレトリック」という論文の一部をアルバイトとして翻訳した経験にも後押しされている。1980年頃、マクロスキーは経済学者が論理実証主義や形式論理にこだわりすぎていると批判されていることを取り上げ、実際はそうでもなく、代表的な経済学者は経済問題に対する独自の理解を持っていて、それを読者に理解してもらうため様々なレトリックを駆使しており、形式論理はそのための重要なピースとして利用されていると説明した。つまり経済学者は不適切な論理実証主義の厳格さに陥っているというよりは、無自覚かもしれないが、経済学の論文を物語やメタファーをつかった芸術として扱っている。そして、このこと自体は、学問の在り方として何ら問題がない。マクロスキーによれば、経済学の豊かさは、形式論理の充実もさることながら、複雑な現実に対する多様な視点と解釈、優れた説得的表現の中にあるのだ。

しかし、「経済学のレトリック」以降、マクロスキーの主張はずっと批判的になる。つまり、このような意味での経済学の豊かさは失われていって、経済学研究における自由な発想は形式論理の追求に隷属されて、そのため研究者の本来の自律性が奪われていると警鐘を鳴らしたのである。これはサステナビリティの問題に向き合えない経済学者像をとてもよく表現していると、私は感じている。この警鐘は本書第5章の下地にもなっている。

岩波書店の伊藤耕太郎さん、島村典行さんには特別感謝の意を申し上げたい。伊藤さんの提案と励ましがあって、2020年ごろから新書の執筆を計画し始めた。当初既に新しい社会主義についてのザックリとしたアイデアを持っていたものの、本書の根幹に位置する大義の経済学についてはまだはっきりせず、一向に筆が進まないまま月日が流れ、伊藤さんは新書から雑誌「世界」に担当が移られてしまった。その後2023年になって、「世界」に「新しい資本主義、新しい社会主義」というタイトルの短編を執筆すると、伊藤さんからご紹介いただいた新書編集部の島村さんに、この原稿をもとにして新書を執筆することを改めて勧められ、徐々に本書全体が煮詰まっていった。島村さんには内容に強く共感していただき、そのおかげで自信を持って最後まで完成させることができた。

時期を同じくして、私は東京大学駒場キャンパスにて経済学部進学者向けの専門科目「ミクロ経済学」を4年間担当していた。私はサステナビリティと経済学教育が整合的である必要性を強く感じていたが、入手できる教科書は全てそうではなかったため、非常に苦労して大変なボリューム(約100分×30回)の講義をするはめになった。2023年度をもって私の東大でのミクロ経済学講義は終了したが、いずれ時期が来たらこの講義内容をもっと洗練させて教科書化する予定である。

最後に、秘書の新海栄子さんに感謝したい。新海さんは長年私の研究の管理や経済学実験の手伝いなどをしていただいているが、研究の方向性についての再考の際に私に影響を与えてくれていた。サステナビリティのように、経済学の内部から発しているわけではない問題や批判に真摯に向き合うためには、「人々の日常生活の研究」という経済学の原点に立ち返ることが私にとって必要だったわけだ。新海さんがいなければ、サステナビリティの経済哲学などせずに、高齢になってもボケ防止のためゲーム理論の数理と格闘し続けたかもしれない。(それはそれで大変だが。)

松島　斉

松島 斉
1960年東京生まれ.
現在―東京大学大学院経済学研究科教授
専攻―経済学，ゲーム理論
著書―『ゲーム理論はアート――社会のしくみを思いつくための繊細な哲学』(日本評論社)

サステナビリティの経済哲学　岩波新書(新赤版)2027

2024年8月20日　第1刷発行

著　者　松島《まつしま》 斉《ひとし》

発行者　坂本政謙

発行所　株式会社 岩波書店
〒101-8002 東京都千代田区一ツ橋 2-5-5
案内 03-5210-4000　営業部 03-5210-4111
https://www.iwanami.co.jp/

新書編集部 03-5210-4054
https://www.iwanami.co.jp/sin/

印刷・三陽社　カバー・半七印刷　製本・中永製本

ISBN 978-4-00-432027-2　　Printed in Japan

岩波新書新赤版一〇〇〇点に際して

ひとつの時代が終わったと言われて久しい。だが、その先にいかなる時代を展望するのか、私たちはその輪郭すら描きえていない。二〇世紀から持ち越した課題の多くは、未だ解決の緒を見つけることのできないままであり、二一世紀が新たに招きよせた問題も少なくない。グローバル資本主義の浸透、憎悪の連鎖、暴力の応酬——世界は混沌として深い不安の只中にある。

現代社会においては変化が常態となり、速さと新しさに絶対的な価値が与えられた。消費社会の深化と情報技術の革命は、種々の境界を無くし、人々の生活やコミュニケーションの様式を根底から変容させてきた。ライフスタイルは多様化し、一面では個人の生き方をそれぞれが選びとる時代が始まっている。同時に、新たな格差が生まれ、様々な次元での亀裂や分断が深まっている。社会や歴史に対する意識が揺らぎ、普遍的な理念に対する根本的な懐疑や、現実を変えることへの無力感がひそかに根を張りつつある。そして生きることに誰もが困難を覚える時代が到来している。

しかし、日常生活のそれぞれの場で、自由と民主主義を獲得し実践することを通じて、私たち自身がそうした閉塞を乗り超え、希望の時代の幕開けを告げてゆくことは不可能ではあるまい。そのために、いま求められていること——それは、個と個の間で開かれた対話を積み重ねながら、人間らしく生きることの条件について一人ひとりが粘り強く思考することではないか。その営みの糧となるものが、教養に外ならないと私たちは考える。歴史とは何か、よく生きるとはいかなることか、世界そして人間はどこへ向かうべきなのか——こうした根源的な問いとの格闘が、文化と知の厚みを作り出し、個人と社会を支える基盤としての教養となった。まさにそのような教養への道案内こそ、岩波新書が創刊以来、追求してきたことである。

岩波新書は、日中戦争下の一九三八年一一月に赤版として創刊された。創刊の辞は、道義の精神に則らない日本の行動を憂慮し、批判的精神と良心的行動の欠如を戒めつつ、現代人の現代的教養を刊行の目的とする、と謳っている。以後、青版、黄版、新赤版と装いを改めながら、合計二五〇〇点余りを世に問うてきた。そして、いままた新赤版が一〇〇〇点を迎えたのを機に、人間の理性と良心への信頼を再確認し、それに裏打ちされた文化を培っていく決意を込めて、新しい装丁のもとに再出発したいと思う。一冊一冊から吹き出す新風が一人でも多くの読者の許に届くこと、そして希望ある時代への想像力を豊かにかき立てることを切に願う。

（二〇〇六年四月）

経済

新・金融政策入門　湯本雅士
アフター・アベノミクス　軽部謙介
応援消費　水越康介
人の心に働きかける経済政策　翁邦雄
金融サービスの未来　新保恵志
日本経済図説〔第五版〕　宮崎勇・本庄真・田谷禎三
好循環のまちづくり！　枝廣淳子
グローバル・タックス　諸富徹
世界経済図説〔第四版〕　宮崎勇・田谷禎三
日本経済30年史 バブルからアベノミクスまで　山家悠紀夫
行動経済学の使い方　大竹文雄
日本のマクロ経済政策　熊倉正修
ゲーム理論入門の入門　鎌田雄一郎
平成経済 衰退の本質　金子勝
幸福の増税論　井手英策
日本の税金〔第3版〕　三木義一
戦争体験と経営者　立石泰則
金融政策に未来はあるか　岩村充
データサイエンス入門　竹村彰通
経済数学入門の入門　田中久稔
地元経済を創りなおす　枝廣淳子
会計学の誕生◆　渡邉泉
偽りの経済政策　服部茂幸
ミクロ経済学入門の入門　坂井豊貴
経済学のすすめ　佐和隆光
ガルブレイス　伊東光晴
ユーロ危機とギリシャ反乱　田中素香
ポスト資本主義 科学・人間・社会の未来　広井良典
日本の納税者◆　三木義一
タックス・イーター　志賀櫻
コーポレート・ガバナンス◆　花崎正晴
グローバル経済史入門　杉山伸也
アベノミクスの終焉◆　服部茂幸
新・世界経済入門　西川潤
金融政策入門◆　湯本雅士
新自由主義の帰結◆　服部茂幸
タックス・ヘイブン　志賀櫻
WTO 貿易自由化を超えて◆　中川淳司
日本財政 転換の指針◆　井手英策
成熟社会の経済学　小野善康
平成不況の本質　大瀧雅之
原発のコスト◆　大島堅一
次世代インターネットの経済学　依田高典
ユーロ 危機の中の統一通貨　田中素香
「分かち合い」の経済学　神野直彦
グリーン資本主義　佐和隆光
国際金融入門〔新版〕　岩田規久男
ビジネス・インサイト◆　石井淳蔵
金融商品とどうつき合うか　新保恵志
地域再生の条件　本間義人
経済データの読み方〔新版〕　鈴木正俊

政治

- さらば、男性政治　三浦まり
- 日米地位協定の現場を行く　山本章子・宮城裕也
- 職業としての官僚　嶋田博子
- 学問と政治 学術会議任命拒否問題とは何か　芦名定道・宇野重規・岡田正則・小沢隆一・加藤陽子・松宮孝明
- 検証 政治改革 なぜ劣化を招いたのか　川上高志
- 政治責任 民主主義とのつき合い方　鵜飼健史
- 人権と国家　筒井清輝
- 「オピニオン」の政治思想史　堤林剣・堤林恵
- 戦後政治史〔第四版〕　石川真澄・山口二郎
- 尊厳　マイケル・ローゼン　内尾太一・峯陽一 訳
- デモクラシーの整理法　空井護
- 地方の論理　小磯修二
- SDGs　南博・稲場雅紀
- 暴君　スティーブン・グリーンブラット　河合祥一郎 訳
- ドキュメント 強権の経済政策　軽部謙介
- リベラル・デモクラシーの現在　樋口陽一
- 民主主義は終わるのか　山口二郎
- 女性のいない民主主義　前田健太郎
- 平成の終焉　原武史
- 日米安保体制史　吉次公介
- 官僚たちのアベノミクス　軽部謙介
- 在日米軍 変貌する日米安保体制　梅林宏道
- 矢内原忠雄 戦争と知識人の使命　赤江達也
- 憲法改正とは何だろうか　高見勝利
- 共生保障〈支え合い〉の戦略　宮本太郎
- シルバー・デモクラシー 戦後世代の覚悟と責任◆　寺島実郎
- 憲法と政治　青井未帆
- 18歳からの民主主義◆　岩波新書編集部 編
- 検証 安倍イズム　柿崎明二
- 右傾化する日本政治　中野晃一
- 外交ドキュメント 歴史認識◆　服部龍二
- 日米〈核〉同盟 原爆、核の傘、フクシマ　太田昌克
- 集団的自衛権と安全保障　豊下楢彦・古関彰一
- 日本は戦争をするのか　半田滋
- アジア力の世紀　進藤榮一
- 民族紛争　月村太郎
- 政治的思考　杉田敦
- 現代日本の政党デモクラシー　中北浩爾
- サイバー時代の戦争◆　谷口長世
- 現代中国の政治◆　唐亮
- 政権交代とは何だったのか◆　山口二郎
- 日本の国会　大山礼子
- 戦後政治史〔第三版〕　石川真澄・山口二郎
- 〈私〉時代のデモクラシー　宇野重規
- 大臣〔増補版〕　菅直人

社会

女性不況サバイバル	竹信三恵子
パリの音楽サロン	青柳いづみこ
持続可能な発展の話	宮永健太郎
皮革とブランド 変化するファッション倫理	西村祐子
動物がくれる力 教育、福祉、そして人生	大塚敦子
政治と宗教	島薗進編
超デジタル世界	西垣通
現代カタストロフ論	金子勝 児玉龍彦
「移民国家」としての日本	宮島喬
迫りくる核リスク 〈核抑止〉を解体する	吉田文彦
記者がひもとく「少年」事件史	川名壮志
中国のデジタルイノベーション	小池政就
これからの住まい	川崎直宏
検察審査会	デイビッド・T・ジョンソン 平山真理 福来寛
ドキュメント〈アメリカ世〉の沖縄	宮城修
東京大空襲の戦後史	栗原俊雄
土地は誰のものか	五十嵐敬喜
民俗学入門	菊地暁
企業と経済を読み解く小説50	佐高信
視覚化する味覚	久野愛
ロボットと人間 人とは何か	石黒浩
ジョブ型雇用社会とは何か	濱口桂一郎
法医学者の使命 「人の死を生かす」ために	吉田謙一
異文化コミュニケーション学	鳥飼玖美子
モダン語の世界へ	山室信一
時代を撃つノンフィクション100	佐高信
労働組合とは何か	木下武男
プライバシーという権利	宮下紘
地域衰退	宮崎雅人
江戸問答	田中優子 松岡正剛
広島平和記念資料館は問いかける	志賀賢治
コロナ後の世界を生きる	村上陽一郎編
リスクの正体	神里達博
紫外線の社会史	金凡性
「勤労青年」の教養文化史	福間良明
5G 次世代移動通信規格の可能性	森川博之
客室乗務員の誕生	山口誠
「孤独な育児」のない社会へ	榊原智子
放送の自由	川端和治
社会保障再考 〈地域〉で支える	菊池馨実
生きのびるマンション	山岡淳一郎
虐待死 なぜ起きるのか、どう防ぐか	川崎二三彦
平成時代◆	吉見俊哉
バブル経済事件の深層	奥山俊宏 村山治
日本をどのような国にするか	丹羽宇一郎
なぜ働き続けられない？ 社会と自分の力学	鹿嶋敬
物流危機は終わらない	首藤若菜